소명 여행자

당신이 하나님을 더 깊이 알아 가고 더 널리 알리는 사람이 되는 것, 이 책에 담겨진 예수전도단의 마음입니다. 말씀을 통해 저자가 깨닫고, 원고를 통해 저희가 누릴 수 있었던 그 감동이 책을 통해 당신에게도 전해지기 원합니다. 그리고 당신을 통해 그 기쁨과 은혜가 더 많은 이들에게 계속해서 흘러가기를 기도하겠습니다. 이 책을 통해 당신이 받은 은혜를 다른 분들에게도 나눠 주십시오. 사랑하고 축복합니다.

Originally published in English under the title: **IT'S YOUR CALL**
© 2010 by Gary Bakalow
David C. Cook, 4050 Lee Vance View, Colorado Springs, Cololado 80918 U.S.A.

Korean Copyrights © 2014 by YWAM Publishing Korea

이 한국어판의 저작권은 도서출판 예수전도단에 있습니다.
저작권법에 의하여 한국 내에서 보호받는 저작물이므로 무단 전재와 무단 복제를 금합니다.

하나님이 주신 나만의 길을 걷다

 소명 여행자

게리 바칼로우 지음 | **장택수** 옮김

예수전도단

나의 가장 큰 소망과 기쁨과 성취와 사랑의 원천인
우리 가족에게 이 책을 바칩니다.
나에게 허락된 일과 우정도 매우 소중하지만,
내 최고의 사랑은 언제나 우리 가족입니다.
눈부신 나의 아내 레이와 사랑하는 귀한 아이들,
알렉시, 제시, 닉, 레이시, 사위 크리스에게
이 책을 바칩니다.

아이들이 이런 말을 하더군요.
"아빠, 만약 아빠가 엄마와 결혼하지 않았다면
지금 어디서 뭘 하고 있을지 걱정돼요."
나 또한 그렇게 생각합니다.
여보, 당신은 언제나 나를 격려해 주고 영감을 불어넣어 주지요.
당신에게 다시금 사랑한다는 말을 전합니다.

사랑하는 아이들아,
이 책을 완성함으로써 나의 오랜 꿈을 드디어 이뤘구나.
하지만 나의 가장 큰 꿈과 귀한 소망은 바로 너희란다.
그동안 내가 배운 삶의 교훈들을 이 책에 담았단다.
하나님과 함께 걸어갈 너희들의 앞길에
그리고 너희 삶의 진실된 소망을 찾아가는 여정에
이 책이 도움이 되기를 진심으로 바란다. 사랑한다.

게리는 우리에게 소명이 있으며, 이로써 예술가가 될 수 있다고 말한다. 이 책을 통해 당신이라는 작품이 가진 아름다움을 발견하고, 그것을 하나님께 맡기는 법을 배우게 될 것이다. 전능하신 예술가의 걸작이 세상을 바꾸기 때문이다.

레너드 스윗 Leonard Sweet
《예수 선언》(넥서스CROSS 역간) 공저자,
《넛지》(*Nudge*), 《아름다움》(*So Beautiful*)의 저자이자 sermons.com 설교 기고자

오늘날 우리는 소명에 대해 많은 부분 오해한다. 소명을 신앙이 아주 좋은 사람들의 전유물이나 성공과 탄탄대로를 보장해 주는 하나님의 선물 같은 개념으로 받아들인다. 그러나 게리는 이 그릇된 개념에 올바른 방향을 제시한다. 소명을 우리와 거리가 먼 대상이 아닌, 개인적이고 실제적이며 영적인 측면에서 의미 있는 삶으로써 이야기하는 통찰력을 보여 준다.

애비 스미스 Abbie Smith
《대학에서 믿음 지키기》(*Can You Keep Your Faith in College?*) 저자,
《느리게 사라지다》(*The Slow Fade*) 공저자

사방이 막혔는가? 삶의 목적과 의미를 갈망하는가? 하나님이 당신에게 예정해 놓으신 삶이 무엇인지 궁금한가? 자신을 향한 하나님의 뜻과 목적을 발견하고자 애쓰는 사람들이 어떤 좌절과 혼란, 씨름을 경험하는지 누구보다 잘 아는 게리는, 하나님의 영광을 나타내는 행복한 삶으로 우리를 초청한다. 성경의 지혜와 현자들의 통찰력으로 가득한 이 책은, 소명과 목적에 대한 뻔하고 답답한 이야기들을 떠나 참된 자아를 찾는 여행으로 우리를 인도해 줄 것이다.

앤 크로커 Ann Kroeker
《조금 천천히: 정신없는 가정의 속도를 늦추는 방법》
(*Not So Fast: Slowdown Solutions for Frenzied Families*) 저자

정말 뜻깊은 책이다. 이 책은 우리가 지금 적절한 직장에서 일하고 있는지, 우리 적성에 맞는 일을 하고 있는지 알려 주는 것은 아니다. 그러나 자신의 참모습을 찾아 자유할 수 있게 해준다. 삶을 분석하는 잣대보다는, 삶을 해석하고 자신이 어떤 모습이 되도록 지음 받았는지 깨닫게 해주는 도구를 주는 것이다. 게리는 자신이 소명을 갈고닦은 방법들을 자세히 소개하며 우리를 열정 가득한 삶으로 초청한다. 그동안 소명에 대한 수많은 책을 읽었지만, 이 책만큼 내 마음을 하나님의 방법에 집중시켜 주고, 아름다운 삶을 살도록 인도해 준 책은 없었다.

잰 마이어스 프로에트 Jan Meyers Proett
《소망의 매력》(*The Allure of Hope*), 《사랑을 듣다》(*Listening to Love*) 저자

《소명 여행자》는 우리에게 하나님이 주신 목적이 있으며, 바로 지금 이 순간에도 우리 삶은 무궁무진한 가능성을 품고 있다는 것을 상기시켜 준다. 그러니 단 하루도, 단 일 년도, 단 한 번뿐인 당신의 삶도 결코 낭비하지 말라.

파머 친첸 Palmer Chinchen
《진짜 종교》(*True Religion*) 저자

이 책은 하나님과 그분의 부르심을 따라가려는 모든 이를 위한 선물이다. 오랫동안 자신을 부르시는 하나님과 자신의 부르심을 성실하게 좇은 게리의 글에는 깊은 지혜와 통찰이 있다. 능력은 소명 자체가 아니라 부르신 분과의 관계에 있다. 저자와 마주 앉아 대화하듯 이 책을 읽고 나면, 당신의 삶은 달라질 것이다.

폴 스탠리 Paul Stanley
《인도: 삶으로 전달되는 지혜》(네비게이토 역간) 저자, 전 국제네비게이토선교회 부회장

감사의 글

이 책이 완성되기까지 내 삶에 중요한 역할을 해준 분들이 많다.

미스티 프렌치는 원고를 출판사에 넘기기 전에 꼼꼼히 읽고 교정해 주었고, 격려를 아끼지 않았다.

존 블레이즈는 책으로 나오리라고는 생각조차 못했던 이 원고를 데이비드 C. 쿡 출판사에서 출간하면 어떻겠느냐고 제안해 준 사람이다.

바트 핸슨은 내가 힘겨운 시기에 집필을 포기하지 않도록 격려해 주고 지지해 주었다.

톰 콜웰과 케빈 마일스는 이 책이 반드시 출판되어야 한다며 전폭적으로 지원해 주었고 많은 부분에서 도움을 주었다.

폴 스탠리와 브렌트 커티스는 내 삶에 말할 수 없이 큰 도움을 주고 영향을 끼쳤다.

때로는 적절한 조언으로, 때로는 따뜻한 열정으로, 때로는 진격의 함성으로 나와 함께해 준 리더들과 형제들에게, 이 자리를 빌어 진심으로 감사드린다.

서문

독자 여러분께,

 이 책에서 제 다양한 내면세계와 만나게 되실 것이므로, 먼저 제 소개부터 하겠습니다. 저는 다른 사람들의 삶에 대해서는 말하지 않으려고 합니다. 저 역시 여러분과 별반 다르지 않은 사람이기에 주로 제 삶에 관해 이야기하는 것이 좋으리라고 생각합니다. 어떤 주제에 대해 책을 쓴다고 해서 무조건 그 사람이 그 주제에 통달한 사람이라고 할 수는 없습니다. 그저 자신이 생각하고 관찰하고 깨달은 바를 종이에 적는 것입니다. 저도 마찬가지입니다.

 오래전에 오스왈드 챔버스의 글을 읽고 충격을 받은 적이 있습니다. "당신에게 비전이 있다는 이 놀랍고 위대한 진리에 깊이 잠겨야 합니다. 이 진리와 함께 자고, 이 진리와 함께 눈을 뜨십시오. 세월이 흘러가는 동안 그 진리를 계속 생각하다 보면 하나님이 당신을 그 진리의 전문가로 만드실 것입니다."[1] 저는 25년 넘게 소명이라는 주제에 푹 빠져 있었습니다. 감히 '소명 전문가'라고 말할 수는 없어도, 소명에 대해 집중 연구한 '소명 연구자' 정도는 될 것 같습니다. 물론 이 책에 제 이야기만 있는 것은 아닙니다. C. S. 루이스, 조지 맥도널드, 쇠렌 키르케고르, 달라스 윌라드, 오스왈드 챔버스, 오스 기니스 등 기독교 역사에서 중요한 의미를 가지는 분들의 고견도 담았습니다. 제 원고를 읽은 한 친구는 신앙 선배들이 모두 모인 자리에 초대받은 기분이 들었다고 했습니다. 제게는 멘토와도 같았던 분들 앞에서, 그분들을 통하여 깨달은 소명에 대한 내용을 발표하는 자리 같다고나 할까요? 바로 이것이 제가 원하는 이 책의 모습입니다.

이 책은 '무엇을 하는 방법'이나 '유용한 기술'을 알려 주는 책이 아닙니다. 이 책은 여러분이 무엇을 할 수 있느냐가 아니라, 여러분이 어떤 사람인가에 대해 말하는 책입니다. 여러분의 재능이 무엇인가가 아니라, 하나님이 여러분 안에 심어 놓으신 선한 것이 무엇인가를 이야기합니다. 직장을 찾는 문제가 아니라, 인생을 찾는 문제를 이야기합니다. 여러분이 처한 상황에 해결책을 제시해 주는 것은 아니지만, 그 상황이 펼쳐지는 모습을 보면서 인생의 수수께끼들을 풀어 봅니다.

믿기 어렵겠지만, 여러분의 삶은 매우 깊고 심오합니다. 진로나 소명, 성격 검사, 각종 평가와 지표들이 여러분에게 큰 도움이 되지 않는 이유가 바로 여기에 있지요. 여러분은 자신의 생각 이상으로 훨씬 놀라운 존재입니다. 그리고 여러분의 삶에서는 여러분 생각 이상으로 훨씬 많은 일이 일어나고 있지요.

충분한 시간을 가지고 각 장을 여유 있게 읽기 바랍니다. 제가 책에 쓴 내용들은 25년 이상 연구하고 관찰하고 대화하고 묵상하고 검증한 결과물이기 때문에, 짧은 시간 안에 훑고 지나갈 수는 없을 것입니다. 각 장에는 많은 것이 담겨 있으며, 그다음 장의 내용과 긴밀히 연관되어 있습니다. 앞 장의 내용을 기반으로 다음 장의 내용이 쌓여 나가게 됩니다.

   이 책은 지식을 얻기 위한 책이 아닙니다. 하나님과 동행하는 삶, 그리고 우리가 존재하는 목적을 경험하고 깊이 이해하게 해주는 책이 될 것입니다.

게리 바칼로우

목차

감사의 글 9
서문 11

PART 1	내 삶의 무게	⋯ 16
PART 2	삶 속에 숨겨진 비밀	⋯ 34
PART 3	삶의 방향을 발견하려면	⋯ 50
PART 4	내 삶 가운데 빛나는 영광	⋯ 70
PART 5	영광을 발견하는 길	⋯ 88
PART 6	소명을 위한 전투	⋯ 100
PART 7	잠든 갈망을 깨우라	⋯ 132
PART 8	나의 갈망을 판독하기	⋯ 156
PART 9	삶의 무게를 견디는 힘	⋯ 174
PART 10	갈망에서 성취까지	⋯ 204

주 218

PART 1

내 삶의 무게

소명이란 인간이 경험하는
가장 포괄적인 방향전환이자
가장 심오한 동기유발이다.

-오스 기니스-

솔직히 나는 부러웠다.

    나는 아프리카의 사자에 대한 TV 프로그램을 보고 있었다. 사자가 태어나서 죽기까지의 삶을 추적한 놀라운 작품이었다. 새끼 사자는 풀밭을 뒹굴면서 다른 사자들과 싸우거나 아빠 사자를 할퀴기도 하고, 엄마 사자가 쓰다듬어 주면 기분이 좋은 듯이 움직였다. 처음으로 사냥을 나선 새끼 사자는 가끔가다 먹잇감을 찾아내긴 했지만, 대부분 사냥에 실패했다. 세월이 흘러 성장한 사자는 암사자를 만나서 또다시 새끼를 낳아 가족을 이뤘다. 사자가 하는 일이라고는 종일 무더위를 피해 시원한 그늘에서 마냥 게으름을 피우다가 이따금 먹잇감을 물어오고, 다른 맹수들로부터 가족을 용맹스럽게 보호하는 것이 전부였다. "나는 누구인가?"라든지 "나는 사는 동안 무엇을 해야 하는가?"와 같은 골치 아픈 질문으로 고민할 필요가 없는 단순한 삶과 확고한 목적 인식을 보자, 내 안에 질투심 같은 것이 일어났다. 사자처럼 단순한 삶을 원해서라기보다는 그 분명함이 좋았던 것 같다. 사자는 그저 사자라는 사실에만 충실하면 되니까 말이다.

    내가 왜 사자를 부러워했는지 알겠는가? 우리는 어떤 존재가 되어 무언가를 하고 무언가에 기여하도록 창조되었지만, 실은 그 무언가를 발견하고 얻기란 참으로 어렵다.

C. S. 루이스의 나니아 연대기 시리즈 중 《은의자》 편에는 마녀의 주문에 걸려서 포로가 된 릴리언 왕자가 나온다. 마법에 걸린 왕자는 자신이 누구이며 어디에서 왔는지를 잊어버린다. 왕자는 "마법에 걸렸을 때는 내가 누구인지가 기억나지 않았다"[1]고 말한다. 밤에는 제정신으로 돌아왔지만, 마녀는 왕자에게 그때가 오히려 정신이 이상한 상태라고 말했다. 밤이 되어 제정신으로 돌아올 때까지 자신의 의지와 무관하게 의자에 묶여 있던 왕자는 마치 "무겁고 차갑고 축축한 사악한 마법의 거미줄"[2]에 묶인 듯한 기분이 들었다.

삶에 대한 우리의 생각 역시 이와 비슷하지 않을까? 때로는 답답하고 혼란스러운 안개 속에서 길을 잃고 헤매는 것 같은 기분이 든다. 그토록 고대하던 선명한 순간이 아주 잠깐 찾아오기도 하지만, 너무 잠깐이라 확실히 붙잡기가 어렵다. 설령 그 진실의 순간을 붙들 수 있는 기회가 와도, 문득 밀려오는 의심 때문에 머뭇거린다. 우리 역시 릴리언 왕자처럼 사악한 마법에 걸려 있는 것은 아닐까?

우리는 인생의 목적과 그 안에서 자신의 위치를 찾으려는 사람을 가차 없이 비판하는 시대에 살고 있다. 이성과 논리로 꽁꽁 무장한 과학자들은 기쁨이나 절망, 분노, 의미 있다는 느낌, 가벼움, 무거움 등 우리가 느끼고 생각하는 모든 감정과 개념이 외부 자극에 의해 뇌에서 일어나는 일련의 화학 반응일 뿐이라고 설명한다. 아름다움, 목적,

의미, 사랑, 즐거움, 심지어 하나님까지도 화학 반응의 산물로 치부한다. 인생의 영원한 의미나 목적 따위는 존재하지 않으며 인생에서 일어나는 모든 일은 그저 우연의 산물에 불과하다고 말한다. 철학자이자 노벨문학상 수상자인 앙리 베르그송의 말이다.

> 르네상스 이래로 근대 과학은 심리·생물·물리 등 여러 현상에 대한 설명으로 분야를 넓혔으며, 생명과 의식에 대해서까지 물리학이나 화학의 개념으로 설명하게 되었다. 따라서 기발한 창조나 인간의 목적, 자유 등과 같은 개념은 종종 간과되어 버린다.[3]

우리가 주로 법률이나 미디어를 통해 접하게 되는 오늘날의 사회에서는, 경제 및 과학 발전의 영역 밖에서 목적과 의미를 찾는 것이 쓸모없고 위험한 일이라고 말한다. 법은 어떤 형태의 문화이건 간에 신앙을 문화와 분리시키려는 사회의 욕망을 반영한다. 영화, TV 프로그램, 뉴스는 종교적 신념을 무지로 이야기하며, 그것이 증오와 고통과 전쟁을 일으키는 근원이라 표현한다. 이런 사회 가운데, 종교는 적어도 세상을 긍정적으로 바꾸는 데 별로 도움이 되지 않아 보인다.

그렇다면 교회는 어떤가? 과거 교회는 소명을 엘리트주의적인 관점으로 바라보았다. 소수만이 신성한 일을 하도록 선택받았다고 생각한 것이다. 이 선택받은 소수는 지위와 명칭과 복장으로 쉽게 구별되었다. 교회 안에서 섬길 기회가 없거나 섬길 마음이 없는 사람의 삶은 영적인 관점에서 볼 때 별로 중요하지 않은 것이라고 가르쳤다. 사람들은 그저 교회의 가르침과 지도에 순종할 것을 요구받았고, 그들에게 있어 삶의 목표라고 해봐야 도덕률을 지키고 교회의 비전과 제도를 충실히 따르는 것뿐이었다. 하지만 나는 분명히 말하고 싶다. 그리스도의 몸인 교회 안에 '엘리트 집단'은 존재하지 않는다.

이후 교회는 인간의 유용성에 초점을 맞춘 실용주의적 관점을 채택했다. 하나님 나라를 위해 해야 할 일이 많기 때문에 인간은 종으로서 자신의 의무를 다해 하나님께 필요한 일을 해야 한다는 시각이다. 그래서 여기저기서 "하나님께 쓰임 받고 싶다"는 말을 자주 들을 수 있었다. 그러나 친구로서 그리고 목회자로서 이 말을 인간관계나 직장, 결혼 등 다양한 상황과 결부시켜 보면, 이와 같은 사고방식이 얼마나 어리석고 건강하지 않은지를 깨닫게 된다. 이 땅에서의 삶, 그리고 우리와 하나님과의 관계는, 우리가 얼마나 쓸모 있는지 없는지의 여부보다도 훨씬 더 중요하다.

최근 들어 교회는 추가적으로 청지기적 관점을 채택했다. 하나님은 우리에게 하나님 나라의 일에 기여할 기회를 주셨으며, 우리는 그 일의 결과로써 평가와 심판을 받게 된다는 생각이다. 여기에는 맡겨진 임무를 망쳐서는 안 된다는 암묵적인 목표가 존재한다. 그러나 나는 하나님이 우리가 매일 수행한 일에 평가를 내리기 위해서가 아니라, 그분과의 친밀함과 기쁨이라는 상급을 위해 영광스러운 일을 주셨다고 생각한다.

모든 사람이 궁금해하는 질문

몇 년 전에 〈USA 투데이〉지에 한 설문 기사가 실렸다. 질문은 "신이나 초월적인 존재에게 직접 대답을 들을 수 있다면 어떤 질문을 하겠는가?"였다. 성인 응답자의 가장 큰 비율인 34%가 "내 삶의 목적이 무엇인가?"라고 묻겠다고 대답했다. 2위(19%)와 3위(16%)를 기록한 질문은 각각 "죽은 후에도 삶이 있는가?"와 "안 좋은 일은 왜 일어나는가?"였다.[4]

사람들이 가장 많이 선택한 질문은 매우 중요한 진리를 시사한다. 바로 우리는 모두 분명한 목적을 위해 이 세상에 태어났다는 사실이다. C. S. 루이스는 이렇게 말했다. "우주 전체에 의미가 없다면, 우리는 의미가 없다는 사실조차 모를 것이다. 세상에 빛이 없다면, 눈이 달린 모든 생명체는 어둠이 무엇인지를 결코 알 수 없을 것이다. '어둠'이란 그저 무의미한 단어에 불과할 것이다."[5] 따라서 모두 궁금해하는 바로 그 질문, "내 삶에도 분명한 목적과 소명이 있는가?"는 자체적으로 이렇게 대답하고 있는 것이나 다름없다. "물론!"

바나리서치그룹은 설문 조사 후 이런 결론을 내렸다. "놀라운 점은, 거듭난 그리스도인과 비그리스도인 모두 인생의 의미와 목적을 찾고 있다는 사실이다."[6] 많은 그리스도인이 인생의 목적에 대해 혼란스러워한다. "기독교 신앙의 주요 가치 중 하나는 인생의 의미와 목적에 대해 해결책을 제시하는 것이다. 성경은 각 개인의 독특함을 인정하면서도 인생의 의미가 무엇인지를 분명히 말한다. 즉, 마음과 뜻과 힘을 다하여 하나님을 알고 사랑하고 섬기는 존재가 되는 것이다."[7]

모든 인간의 마음에는 목적, 의미, 장소에 대한 의문이 있다. 우리의 삶에 목적과 의미가 있다는 말은 또 다른 의문을 일으킨다. "내 삶의 특별하고 고유한 역할은 무엇인가?" 신앙이 있다고 해서 인생의 의미와 목적이라는 문제가 해결되지는 않는다. 퓰리처상을 수상한 언론인 러셀 베이커의 말이다.

> 우리 안에는 굶주림이 있다. 자신의 삶이 성공적인 삶을 넘어 가치 있는 삶이었다는 확신을 향한 갈망이다. 우리는 기저귀를 찰 때부터 수의를 입을 때까지, 단순히 돈이 많고 유명해지는 것 이상의 더욱 위대한 성취를 원한다. 자신의 삶이 중요했다는 확신 말이다.[8]

우리는 오직 우리만이 할 수 있는 무언가를 하기 위해 이곳에 존재한다. 하지만 모든 일에는 결과가 있기에, 우리는 어떤 정해진 시간, 역할, 기회, 목적, 인생을 놓칠까 봐 두려워한다. 어느 특정 세대나 문화, 종교 안의 사람들만이 두려움을 느끼는 것이 아니다. 이 두려움은 모든 인간의 마음에 있는 열망, 곧 의미를 향한 갈망에서 출발한다. 우리는 자신의 존재가 누군가에게 또는 무엇에게 의미가 있다는 깨달음, 우리가 존재하는 것이 분명 어디엔가 좋다는 확신을 원한다.

중요하고 의미 있는 삶을 살고, 자신에게 주어진 삶이 무엇인지 발견하고 싶다는 굶주림과 갈망은 선하고 숭고한 것이다. "참고 선을 행하여 영광과 존귀와 썩지 아니함을 구하는 자에게는 영생으로 하시고 오직 당을 지어 진리를 따르지 아니하고 불의를 따르는 자에게는 진노와 분노로 하시리라."롬 2:7-8

하나님이 주시는 영광과 존귀와 영생의 삶이 분명히 존재하며, 우리는 바로 이 삶을 찾고 구해야 한다. 그러나 우리에게 예정하신 삶을 발견하고 살아내려면, 하나님의 도움이 필요하다.

> 하나님의 도움으로만 나는 내가 될 수 있다.
>
> 쇠렌 키르케고르

매우 쉽지만 매우 어려운

우리는 삶과 관련된 모든 것을 공식화하여 설명하려는 근대 과학의 시대에 살고 있다. 이런 경향은 건강, 재정, 인간관계, 자녀 양육을 비롯하여 소명에까지도 영향을 끼쳤다. 우리는 사람들의 성격이나 장점을 'D형 성격', 'ISTJ' 같은 약어로 규정하거나 '골든 리트리버 형' 같은 동물로 표현한다.

이런 문화는 교회에도 깊숙이 들어와 있다. 우리는 은사확인 검사나 이른바 '잘 듣는' 사람들에게 받은 예언으로 자신의 영적 은사를 확인해 본다. 그러나 이런 검사 결과나 예언은 대개 지나치게 권위적이거나 단정적이다. 많은 사람이 무언가에 열정을 발견하지만, 기쁨을 느끼지는 못한다. 정말로 '영적인' 사람이라면 당연히 마음을 기울여야 할 일에 별로 관심이 없는 자신을 보면서 죄책감도 느낀다. 또한 모든 것이 막연해 보인다. 검사 하나로 소명이나 목적을 쉽게 찾을 수 있는데도 우리 마음이 이다지 힘든 이유는 무엇일까? 왜 모든 노력은 무용지물이 되는 걸까?

이해에 대한 지나친 신뢰

안타깝게도 우리는 이해하는 것을 성취와 동일시한다. 학교에서는 필수 과목을 이수하면 학위를 취득할 수 있다. 그러나 인생은 공부가 아니며, 공부보다 훨씬 깊다. 좋은 결혼의 필수 요소를 안다고 해서 결혼 생활을 잘 영위하는 것은 아니다. 재정 관리의 원칙을 안다고 해서 부채가 없는 것이 아니고, 골프 스윙 요령을 안다고 해서 필드에서 잘 할 수 있는 것도 아니며, 건강한 생활 습관을 아는 사람이 꼭 건강한 것도 아니다. 마찬가지로, 자신의 복잡한 성격과 성향을 이해하고 안다고 해서, 반드시 의미와 목적이 있는 삶을 사는 것은 아니다.

우리의 삶에는 검사와 분석, 목표 설정, 결단력 등으로는 도달할 수 없는 어떤 깊이가 있다. 나는 이것을 무게감(weightiness)이라고 부른다. 지식만으로는 일자리를 얻지 못한다. 어떻게 생각하는가? 당신 역시 수십 년 동안 많은 검사와 지표, 설문, 공식, 과정을 시도해 보았지만, 이번에야말로 소명에 관한 중요한 확신과 목적을 찾을 수 있으리라 '여전히' 기대하며 또 다른 책을 읽고 있지 않은가?

그동안 만났던 이십대 청년 중에는 졸업하고 나면 세상에서 자신의 정체성과 위치를 찾게 될 것을 믿다가, 그 기대가 좌절되어 크게 실망한 이들이 많았다. 그중 일부는 누가복음 12장 48절 말씀 때문에 더욱 고민에 빠졌다. "무릇 많이 받은 자에게는 많이 요구할 것이요 많이 맡은 자에게는 많이 달라 할 것이니라." 이 귀한 청년들은 자신이 누구이며 자신에게 무엇이 요구되는지를 모른다는 두려움과 수치심 속에서 사람들이 그들에게 정해 놓은 삶, 즉 무엇을 하고 어떻게 살아야 한다고 정해 놓은 방법을 무작정 따른다. 한 청년은 연장자의 조언에 따라 경찰이 되기 위해 멀리 워싱턴 D.C.로 갔다. 그 연장자가 경찰이 되면 하나님 나라를 위해 놀라운 일을 할 수 있다며 확신 있게 설득했기 때문이다. 그러나 경찰 업무와 주변 환경은 심리적으로, 또 관계 및 영적으로 그의 삶을 송두리째 앗아갔다.

나이가 조금 많은 경우에도 상황은 다르지 않다. 마치 GPS만 믿고 사막에 갔다가 길을 잃은 여행자처럼, 우리는 연봉, 직함, 승진이라는 삶의 지표 속에서 우리의 위치를 찾으려고 애를 쓴다. 테드라는 청년은 군대라는 안정적인 직장에서 일해 왔지만 이제는 진로를 바꿔야 한다는 생각이 들었다. 퇴역한 후에 그는 인생의 다음 시즌을 위해 가능한 한 빨리 자신에게 '적합한' 자리를 찾아야 한다는 압박감에 시달렸다. 하지만 여러 가지 검사를 받아 보아도 여전히 자신이 가야 할 방향을 알 수 없었다. 결국 테드는 고속 승진과 높은 연봉을 제시하는 한 대기업의 제안을 받아들였고, 한동안 이 도시 저 도시를 다니면서 즐겁지도 않고 가치도 느끼지 못하는 일을 하다 결국 또다시 그만두고 말았다. 테드는 자신이 엉뚱한 좌표를 사용해서 인생의 소명을 성취할 수 있는 '적합한' 자리를 찾으려고 했음을 깨달았다.

예수님은 많이 받은 자와 많이 맡은 자에 관해 이야기하셨다.눅 12:48 그렇다면 하나님이 우리에게 주셨다는 그것은 과연 무엇일까? 교육이나 훈련, 재정, 재산, 기술, 영향력처럼 습득할 수 있는 자산인가? 아니면 하나님은 우리에게 훨씬 더 깊고 무거운 무언가를 주겠다고 말씀하시는 것일까?

잘못 인도하는 좌표

몇 년 전 아이들을 데리고 콜로라도 주로 캠핑을 간 적이 있다. 하루는 캠핑장에서 저 멀리 보이는 산 꼭대기까지 등산을 가기로 했다. 한 시간 정도 걸어서 정상에 오르니 과연 놀라운 절경이 펼쳐졌다. 우리는 경치를 어느 정도 즐긴 후, 내려가기 전에 캠핑장이 어디에 위치해 있는지를 다시금 잘 살펴보았다. 돌아가는 길에 참고할 수 있도록 길가에 놓인 바위들을 지형지물로 삼아 기억해 두기도 했다. 하지만 이런 방법은 크나큰 착오임이 곧 밝혀졌다. 막상 내려가 보니 애매한 바위의 모양을 가지고 길을 찾기란 생각보다 훨씬 어려웠던 것이다. 확실한 길을 찾으려고 할수록 우리는 점점 목적지와 멀어질 뿐이었다.

이와 같이, 우리가 자신의 소명을 찾아가고자 할 때 우리를 바른 길에서 멀어지도록 인도하는 잘못된 생각 두 가지가 있다.

첫째, 우리의 소명과 목적은 직업(보수를 받는 일 중에서는)이나 직책(보수가 없는 일 중에서는)을 얻는 것이라는 생각이다. 이런 생각에는 여러 가지 오류가 있다. 우선 정말로 그렇다면, 우리의 소명은 기업, 교회, 단체 리더 등 타인의 손에 좌우되는 것이 된다. 나는 지금까지 비영리 사역단체에서 일하는 가운데 자신은 이 분야로 부르심을 받았다고 말하는 자원자들을 많이 만났다. 말하자면 나는 그들이 자기 인생의 목적을 성취하기 위해 거쳐야 하는 일종의 '문지기' 같은 존재였다. 하지만 정말 내가 그들에게 일자리를 줌으로써 그들의 소명을 성취할 기회를 줄 수 있는 사람이라면, 이는 나에게 그 기회를 박탈할 권한도 있다는 말이 된다. 하지만 자신이 부름 받은 소명에서 정작 본인은 아무 영향력을 발휘할 수 없다니, 말이 되는 이야기인가? 성취가 없는 무력한 삶을 다른 사람들이나 상황 탓으로 돌리는 사람들이 많지만, 우리의 소명과 목적은 권위자의 기분이나 의견, 구직 시장이나 경제 상황 등에 의해 결정되는 것 따위가 아니다.

당신의 소명은 직업이나 직책으로 온전히 이룰 수 있는 것이 아니다. 인생의 무게를 어찌 기능이나 역할로 정의 내릴 수 있는가? 특수 전문직을 제외하면 어느 직업이든 어느 정도 시간이 지나면 깊이 생각하지 않아도 일정 수준 이상으로 해낼 수 있게 된다. 그러나 인생의 목적과 소명은, 우리의 전부, 즉 전심을 요구한다.

남부 캘리포니아에서 체육관을 운영할 때, 고장 난 문을 고치려고 수리기사를 부른 적이 있다. 수리 작업이 절반 정도 진행되었을 때, 나는 그에게 일이 즐거운지 물었다. 그러자 그는 "아니요, 원숭이를 훈련시켜도 이 정도 일은 할 수 있을 겁니다"라고 대답했다. 자기가 하는 일에 대단한 재능이 필요 없다는 사실이 불만이었던 것이다. 물론 모든 자물쇠 수리기사들이 창의력도 없고 불평불만을 늘어놓으면서 끊임없이 다른 일자리를 아쉬워한다는 말은 아니다. 다만 내가 만난 수리기사는 자신이 원하던 삶의 문이 잠겨 있어서 들어가지 못했을 뿐이다. 그리고 많은 사람이 그렇게 생을 마감한다.

둘째, 소명을 찾는 것이 좋은 직업이나 직책을 찾는 것이라면, 우리의 소명은 그 직업이 가지는 한계에 제한될 것이다. 만약 당신이 평범한 직장인이라면 당신 인생의 목적은 주당 40시간으로 제한된다. 또는 자신의 소명을 주일학교 교사와 같은 역할로 생각하는 사람은 그 소명이 주당 1시간이면 끝나 버린다. 그렇다면 남은 시간에는 인생의 목적을 위해 무엇을 해야 하는가? 그런 시간은 삶으로 인정되지 않는 휴식 시간에 불과한가? 혹시 당신도 삶을 세상 일과 거룩한 일로 구분하고 있는가?

소명을 찾는 것과 직업을 찾는 것을 혼동하는 사람들이 있는가 하면, 자신의 소명은 예수님을 닮는 것이라고 믿는 사람들도 많다. "하나님이 미리 아신 자들을 또한 그 아들의 형상을 본받게 하기 위하여 미리 정하셨으니"롬 8:29라는 말씀이 있다. 예수님을 본받는 것이 무엇일까? 보통 사람들은 도덕적으로 사는 것이 곧 예수님을 본받는 것이라고 생각한다. 그러나 과연 도덕적인 삶으로 충분한가? 예수님이 세상에 오신 목적이 다만 도덕적인 삶에 있었을까? 예수님의 삶에는 죄 없는 삶 이상의 것이 존재한다. 예수님은 "내가 온 것은 양으로 생명을 얻게 하고 더 풍성히 얻게 하려는 것이라"요 10:10고 하셨다. 예수님께는 사람들에게 생명을 주는 사명과 목적이 있었다. 예수님은 자신의 사명을 말씀하면서 이사야 61장을 인용하셨다. "나를 보내사 마음이 상한 자를 고치며 포로된 자에게 자유를 갇힌 자에게 놓임을 선포하며…그들이 의의 나무 곧 여호와께서 심으신 그 영광을 나타낼 자라 일컬음을 받게 하려 하심이라."1, 3절 예수님의 삶뿐 아니라 우리의 삶 역시 무엇(죄)이 없는 것이 중요한 게 아니라, 무엇(영광, 무게)이 있느냐가 중요하다.

우리는 예수님을 본받아야 하는가? 물론이다! 다만 우리의 목표는 그분의 도덕성이 아니다. 바울은 "오직 내가 그리스도 예수께 잡힌바 된 그것을 잡으려고 달려가노라"고 말했다.빌 3:12 예수님은 목적과 열정의 사람이었다. 우리는 예수님의 형상으로 변화해야 한다.

> 하나님은 처음부터 자신이 하실 일을 분명히 아셨습니다. 처음부터 하나님은 그분을 사랑하는 사람들의 삶을 그분 아들의 삶을 본떠 빚으시려고 결정해 두셨습니다. 그분의 아들은 그분께서 회복시키신 인류의 맨 앞줄에 서 계십니다. 롬 8:29, 메시지성경

우리의 소명은 그저 도덕적인 행동으로 끝나는 것이 절대 아니다.

현자의 시각

상담가이며 저술가인 리처드 라이더는 25년 동안 노인들을 대상으로, 만일 다시 산다면 어떻게 살고 싶은지를 질문했다. 전반적으로 비슷한 대답이 나왔다.

> 첫째, 다시 산다면 훨씬 성찰적인 삶을 살겠다. 늘 무언가를 하는 데 집착하느라 의미를 생각할 여유가 없었다.…둘째, 위험을 무릅쓰며 용감하게 살겠다. 위험을 감수했을 때 훨씬 살아 있다고 느낀다.…셋째, 진정한 성취감을 맛보고 싶다. 나 자신이 아니라 누군가에게 가치 있는 일을 하면서 세상에 기여하며 살고 싶다.[9]

이 대답을 읽으니까 모세의 기도가 생각난다. "우리에게 우리 날

계수함을 가르치사 지혜로운 마음을 얻게 하소서." 시 90:12

성찰하기

우리에게 맡겨진 삶이 무엇인지 분별하려면 반드시 알아야 하는 삶의 방향이나 주제, 목적, 계획이 있다. 무엇보다, 정기적으로 바쁜 일상에서 벗어나 자신의 삶을 점검해야 한다. 삶을 제대로 '보고' '들으려면', 마치 밤하늘의 별을 관측할 때처럼 주변의 모든 빛과 소음에서 벗어나야 한다.

오스왈드 챔버스는 이렇게 말했다. "돌이켜 보면 하나님께서 놀랍고 아름답게 계획하신 섭리가 있었다. 우리가 태어난 것도 모두 하나님의 은혜. 물론 뜻밖의 일에서도 하나님을 발견할 수 있지만, 영적 훈련을 통해서 크고 작은 모든 일에서 하나님을 볼 수 있다. 우연히 발생한 일이라고 해서 하나님이 정하신 질서와 무관하다고 생각하지 말라. 언제 어디서나 하나님의 계획을 발견할 준비를 하라."[10]

그리고 우리의 삶에서 일하시는 하나님의 손길을 보려면, 지속적인 성찰의 훈련이 필요하다.

위험한 삶

우리는 단순히 우리 자신을 드러낼 수 있는 일보다는 우리에게 무언가를 요구하는 삶을 살기를 원한다. 위험하고 불확실한 일, 그리고 중요한 일을 하는 경험은 우리를 흥분시킨다. 가장 아름다운 산의 경관을 보려면 가장 험하고 위험한 길로 가야 한다. 우리의 삶도 마찬가지다. 가장 아름답고 독특하며 성취감을 느끼는 삶을 원한다면 약간의 위험은 불가피하다. 두려움 속에 갇혀 사는 삶은 반쪽짜리 삶이다. 시어도어 루스벨트의 말을 보자.

> 가치 있는 사람은 비판가가 아니다. 강자가 어떻게 쓰러지는지를 지적하는 사람도 아니다. 누군가의 행동에 대해 더 나은 방법을 제시하는 사람도 아니다. 진정 위대한 사람은 경기장에 있는 사람이다. 그는 먼지와 땀과 피가 얼룩진 얼굴로 끝까지 용맹스럽게 싸운다. 실수와 약점에 부딪치지만 그럼에도 계속해서 시도한다. 직접 부딪치며, 위대한 열정과 위대한 헌신이 무엇인지 알며 가치 있는 일에 뛰어든다. 성취감이 무엇인지 알며, 혹 실패하더라도 끝까지 노력했기에 미련은 없다. 그는 승리와 패배를 모르는, 차갑게 식은 소극적인 영혼들과는 차원이 다르다.[11]

성취를 경험하려면

우리는 본능적으로, 우리의 삶이 의미 있는지, 우리가 주변 사람들에게 의미를 주고 있는지 궁금해한다. 우리의 삶이 중요하며 영원한 의미를 갖는지 궁금해하는 것이다. 엘튼 트루블러드는 "자신은 결코 나무 그늘 아래 앉을 수 없으리라는 것을 알면서도 나무를 심는 사람은 삶의 의미를 찾기 시작한 것이다"라고 말했다. 우리는 우리 자신을 뛰어넘는 일을 하기 원한다. 의미와 성취는 우리의 삶이 어떤 식으로든

타인의 삶에 영향을 줄 때에만 경험할 수 있다. 자신의 필요, 자신의 행복, 자신의 안락과 보호 등 자신만을 위해 사는 사람은 좁은 세상에 갇힌 극도의 불편함이 일으키는 폐소공포증을 앓는다. 어떤 사람의 마음의 크기는 그가 사랑하는 것들의 크기와 같다.

소명이나 목적을 갖는 일은 소수의, 또는 엘리트만의 특권이 아니라, 모든 이에게 주어진 계획이자 운명이다. 우리의 삶에 중요한 의미가 없다면 소명에 대해 질문하지도 않을 것이다. 소명의 삶은 결코 우리에게 주어진 영역(교회, 선교, 공직, 직업)으로 한정되지 않는다. 소명을 직업이나 직위로써 온전히 담아내고 사용하고 성취할 수는 없다. 우리의 삶에 주어진 소명은 우리가 속한 삶의 이야기만큼이나 넓고 크고 광대하다. 달라스 윌라드는 소명의 창조적 측면에 대해 "창조적인 세상의 기업에서 하나님의 동료로 사는 것"이라고 말했다. 우리의 소명은 그 어떤 평가나 검사, 지표도 포착할 수 없을 만큼 깊고 심오하며, 세상 곳곳에 존재한다.

지금까지 내 설명을 잘 들어 주어 감사하다. 하지만 지금부터 몇 가지 질문과 정말로 마주해야 한다. '소명과 목적이라는 이 불친절하고 혼란스러운 파도를 어떻게 헤쳐 나가야 하는가?' '어떤 좌표를 사용해야 하는가?' '참된 내 모습을 찾으려면 어떻게 해야 하는가?' '내 삶의 목적과 진정한 갈망을 발견하려면 어떻게 해야 하는가?' 그리고 마지막으로 우리 모두 궁금해하는 질문, '나는 여기서 무엇을 하고 있는가?'에 대한 해답을 찾기 위해, 계속 걸어가 보자.

PART 2

삶 속에 숨겨진 비밀

인생은 앞을 향하지만
깨달음은 뒤를 향한다.

-쇠렌 키르케고르-

몇 년 전 우리 가족은 일주일 동안 목장에서 선물 같은 휴가를 보냈다. 승마도 하고 맛좋은 음식도 먹고 배꼽 빠지게 웃기는 공연과 포크댄스, 로데오 대회까지 즐겼다. 참 즐거운 시간이었다. 그러던 어느 날, 영국에서 온 한 부부와 저녁을 먹으며 이야기를 나누게 되었다. 그런데 내가 그들에게 은퇴한 후엔 무슨 일을 하고 싶은지 물어보자, 그들은 전혀 주저하지 않고 대답했다. "요트로 세계 일주를 하고 싶어요."

나는 항해에 대해서는 무지했던지라 그 이유를 물어보았다. 그러자 그들은 눈을 빛내며, 육지에서 멀리 떨어진 망망대해에 떠 있는 스릴, 격렬한 태풍과의 사투 등 흥미로운 항해 경험담을 풀어 놓았다. 그 이야기를 듣자 더욱 궁금해졌다. 자발적으로 위험을 경험하고 싶어 하는 사람들의 심리는 무엇일까? 그들은 분명 바다를 사랑했다. 바다가 그들을 불렀다. 그들에게는 내가 모르는 바다와의 관계가 있었다. 문득 오스왈드 챔버스의 말이 떠올랐다.

하나님의 부르심은 바다의 부름과 비슷하다. 그 소리는 내면에 바다의 본성을 가진 사람에게만 들린다.[1]

내면에 바다의 본성이 없던 나는 그 부부가 듣는 소리를 듣지 못했다. 그들의 흥분과 열망, 바다를 향한 마음이 나에게는 낯설 뿐이었다.

만약 당신이 예수님이 하신 일과 예수님을 믿는 믿음을 통해 하나님을 개인적으로 아는 사람이라면, 당신 안에는 하나님의 본성이 있다. 당신은 이 하나님의 본성을 가졌기에, 마음속에 자리 잡은 당신만의 독특한 갈망, 그리고 영원함, 초월, 의미로의 부르심을 듣는다. 이는 오직 당신 자신만이 들을 수 있다.

분명하면서도 애매한 소명

오스왈드 챔버스의 말을 계속 보자.

> 하나님이 주신 소명을 명확하게 말할 수는 없다. 우리의 소명은 하나님의 목적을 위해 그분과 긴밀한 관계 속에 있다. 우리가 치러야 할 시험은, 하나님은 자신이 하는 일을 알고 계신다는 것을 믿는 일이다.[2]

우리는 우리의 삶을 향한 '하나님의 뜻'이라고 부를 만한 분명한 활동, 지위, 자리를 찾으려고 한다. "나는 인생을 어떻게 살고 무엇을 해야 하는가?"라는 질문에 정확하고 알기 쉬운 대답을 원한다. 그러나 성경을 보면, 그런 대답은 결코 주어지지 않는다. 하나님은 "갈 길을 가르쳐 보이고 우리를 주목하여 훈계하시며"시 32:8 "자기의 기쁘신 뜻을 위하여 우리에게 소원을 두고 행하게 하시는"빌 2:13 분이다. 우리의 삶에 대한 하나님의 소명은, 확실한 방법이라기보다는 쉽게 깨닫기 어려운 비밀에 가깝다.

우리는 삶에서 만나는 비밀 앞에서 많은 것을 질문한다. 이를 테면 다음과 같다.

'나는 늘 사진을 좋아했는데, 지금 내가 하는 일과 내 삶은 왜 이런가?'
'그 자리의 적임자는 바로 난데, 왜 선택을 받지 못했을까?'
'이 사람은 왜 내 삶에 끼어든 거지?'
'나의 모든 것이 일시 정지된 듯한 이 상황은 대체 무엇 때문인가?'
'하나님은 왜 이 상황에 개입하지 않으시는 걸까?'
'왜 이런 일이 계속 일어나는 것일까?'

"크도다 경건의 비밀이여 그렇지 않다 하는 이 없도다."딤전 3:16 우리가 살고 있는 과학과 이성의 시대는 비밀에 대해 그리 호의적이거나 관용적이지 않다. 사람들은 비밀이나 신비를 지성과 노력의 결여, 심지어는 무지의 표시로 여기며 경멸해 왔다.

그러나 그리스도의 비밀엡 3:3-4 을 깨달았던 사도 바울마저도 이렇게 말했다. "지금은 내가 부분적으로 아나 그 때에는 주께서 나를 아신 것같이 내가 온전히 알리라."고전 13:12 바울의 말을 듣고 나니, 우리의 삶과 소명에 대해 아직은 잘 모르지만 그래도 불안하지는 않다.

"인생은 앞을 향하지만 깨달음은 뒤를 향한다"라는 쇠렌 키르케고르의 말처럼, 우리는 삶을 돌아봄으로써 귀한 깨달음을 얻는다(이에 대해서는 뒤에서 자세히 설명하겠다). 그렇지만 이 깨달음이 미래에 대한 우리의 의문을 해결해 주는 것은 아니다.

우리는 분명히 깨달아야 한다는 무거운 짐과 부담을 종종 자신에게 부과한다. 하지만 나는 그 짐을 좀 덜어 주고 싶다. 비밀은, 그것이 비밀이라는 사실을 받아들이고 즐겁게 통과해야 하는 것이다. 비밀은 설명이 불가능한 것은 아니지만 한 번에 드러나지 않으며, 시간이 흐르면서 조금씩 나타난다.

> 깊도다 하나님의 지혜와 지식의 풍성함이여 그의 판단은 헤아리지 못할 것이며 그의 길은 찾지 못할 것이로다 누가 주의 마음을 알았느냐 누가 그의 모사가 되었느냐 롬 11:33-34

하나님은 어둠 속에서 길을 잃고 헤매시는 분이 아니다. 그분은 우리의 상황, 우리의 존재, 우리가 그분의 이야기에서 지금 여기 있는 이유를 아신다. 그분은 이미 모든 걸 아시면서 우리를 인도하시는 분이다. 이 사실을 신뢰하자.

모든 것이 비밀 속에 가려져 있을 때라면, "우리가 최소한으로 아는 것이 곧 최선이다"[3]라는 명언을 기억하라. 우리는 아직 모르는 것이 많다. 우리에게 허락된 영광은 아직 온전히 드러나지 않았다. 우리의 삶에는 한순간에 드러나지 않는 깊이와 목적이 있다. 삶이란 하나의 비밀을 발견하면 다음 비밀이 기다리고 있는 끝없는 여행이다.

영국의 작가 조나단 스위프트는 이런 말을 남겼다. "땅 속에 금광이 있듯이, 사람 안에도 주인이 모르는 금광이 숨어 있다."[4] 우리 삶의 영광이 비록 비밀에 가려져 있을지언정, 그것은 분명히 존재한다. 비밀은 한 번에 한 삽씩 조심스럽게 캐내야 한다. 가공되지 않은 광물을 보는 훈련이 되지 않은 사람은 금을 보고도 지나친다.

> 금이라고 해서 다 반짝이지 않으며,
> 방황하는 사람이라고 해서 다 길을 잃은 것은 아니다.
> J.R.R. 톨킨, 《반지의 제왕: 반지원정대》

비밀은 왜 존재할까? 우리로서는 창조와 인생의 광대함을 이해할 방법이 없다. 물과 비료를 주며 정성들여 관리하는 잔디밭이 아니라 보도블록 틈에서 자라는 잔디는 어떻게 그 생명을 유지할까? 비밀은 우리의 삶에 반드시 필요하다. 그 이유가 잠언에 있다.

일을 숨기는 것은 하나님의 영화요 일을 살피는 것은 왕의 영화니라 잠 25:2

기쁨으로의 초대

하나님은 무언가를 숨겨 놓기를 좋아하신다. 우리가 찾지 못하는 것을 좋아하시기 때문이 아니라, 우리가 찾고 발견하는 과정에서 경험할 기쁨 때문이다. 아이들이 어릴 때 우리 부부는 부활절이 되면 젤리빈을 채운 플라스틱 달걀을 집 안 곳곳에 숨겨놓았다. 우리는 시간은 좀 걸려도 아이들이 찾을 수 있을 만한 곳에 달걀을 숨겼다. 그리고 "찾았다!"며 기뻐하는 아이들을 보면 그렇게 기쁠 수가 없었다.

나이를 얼마나 먹었든, 우리는 무언가를 애써 찾다가 결국 발견했을 때 짜릿한 기쁨을 느낀다. 할 일이 없어 입에 풀칠하며 근근이 살던 사람이 마침내 즐겁게 할 수 있는 일을 찾았을 때의 기쁨이 그와 비슷하다. 우리의 본성 안에는 호기심이 있다. 누구나 어릴 때는 호기심이 왕성하지만, 자라면서 실용성과 분주함이 호기심을 밀어내는 가운데 비밀은 모험이 아니라 짜증거리가 된다. 하지만 사실 우리 삶의 많은 부분이 호기심에 의해 조종되도록 설계되어 있다.

앨버트 아인슈타인은 이렇게 말한다. "영원, 인생, 현실의 비밀과 놀라운 구조를 묵상하다 보면 경외감에 빠지지 않을 수 없다. 날마다 이런 신비를 조금이라도 이해하려고 한다면, 그걸로 충분하다. 거룩한 호기심을 늘 가지고 있으라."[5] 애매한 구약 말씀으로만 설명한다고 생각할 수도 있기에 예수님의 말씀도 소개한다.

구하라 그리하면 너희에게 주실 것이요 찾으라 그리하면 찾아낼 것이요 문을 두드리라 그리하면 너희에게 열릴 것이니 구하는 이마다 받을 것이요 찾는 이는 찾아낼 것이요 두드리는 이에게는 열릴 것이니라 마 7:7-8

안타깝게도 우리는 '자주' '오래' 구하고, 찾고, 두드리지를 않는다. 보통은 위기가 찾아올 때, 하나님의 뜻이 무엇인지 알고 싶을 때, 우리가 누구이며 하나님이 원하시는 것이 무엇인지 알고 싶을 때만 간구한다. 혼란과 스트레스와 고통이 사라질 때까지 몇 시간이고 며칠이고 질문을 하고, 심각한 상황이라면 몇 주 동안 하나님을 구한다. 그리고 위기가 끝나면, 마치 주문이 다 풀린 듯 예전으로 돌아간다.

오스왈드 챔버스의 말이다. "우리는 갈망하고 열망하고 소망하고 괴로워하다가, 갈 때까지 갔을 때 비로소 간구한다.…간구하는 시점에 도달하기 전에는 하나님께 받지 못한다. 받는다는 것은 우리가 하나님의 자녀라는 관계 안으로 들어왔다는 것을 말한다. 그제서야 우리는 모든 것이 하나님께 왔다는 사실에 대해 지적·도덕적으로 인식할 뿐 아니라 영적으로 이해한다."[6] 예수님은 "구하고 찾고 두드리라"고 말씀하시기 전에 우리가 자주 간과하는 문제를 말씀하셨다. 한 사람이 밤늦게 친구 집을 찾아가, 갑자기 들이닥친 손님을 대접해야 하니 음식을 좀 빌려 달라고 한다. 부담스러운 부탁에 친구는 단호하게 안 된다고 거절한다. 하지만 상대가 체면을 무릅쓰고 계속 끈질기게 부탁하자, 결국 마지못해 그의 청을 들어준다.

어쩌다 가끔 구하고 찾고 두드리지 말라. 우리의 삶은 지속적으로 구하고 찾고 두드리는 삶이 되어야 한다. 우리는 관광객이 아니라 탐험가이며, 박물관 관람객이 아니라 고고학자다. "또 찾았다!"를 끊임없이 외치는 삶이 되어야 한다.

친밀함으로의 초대

하나님은 우리가 목적과 계획을 발견하는 기쁨을 경험하기를 바라시며, 우리와의 친밀한 대화가 지속되기를 기대하신다. 하나님은 우리가 궁금해하는 삶의 질문들을 그분이 한꺼번에 대답해 주신다면, 우리가 삶의 목적을 이루기 위해 정신없이 사느라 그분과의 대화를 등한시하리라는 것도 아신다.

하나님은 우리가 힘을 내서 계속 가기에 충분한 정도의 확신을 주신다. 우리를 좀 더 친밀한 대화의 자리로 돌아오게 하기 위해 우리 삶의 목적 중 일부는 비밀로 하신다. 하나님은 우리가 진심으로 갈급하게 그분 앞에 나올 때 기뻐하신다.

여호와의 말씀이니라 너희를 향한 나의 생각을 내가 아나니 평안이요 재앙이 아니니라 너희에게 미래와 희망을 주는 것이니라 너희가 내게 부르짖으며 내게 와서 기도하면 내가 너희들의 기도를 들을 것이요 너희가 온

마음으로 나를 구하면 나를 찾을 것이요 나를 만나리라 렘 29:11-13

비밀은 하나님과의 친밀함으로 나아오라는 초청이다. 비밀과 씨름하느라 힘을 낭비하지 말고, 비밀이 당신의 존재를 흔들어 깨우게 하라. 그리고 그 비밀로 말미암아 계속 구하고 찾고 두드리라.

생각과 본질

우리는 생각하는 존재이지만,
우리가 생각하는 대상과 분리된다.
미각, 촉감, 의지, 사랑, 증오 등이 그 예다.
더욱 명료하게 합리적으로 논리적으로 생각할수록
우리는 그 대상과 멀어진다. (중략)
사랑하는 배우자와 포옹하는 순간에 기쁨을 연구하지 않고
회개하는 동안 회개를 연구하지 않으며
호탕하게 웃는 동안 유머의 본질을 분석하지 않는다.[7]

C. S. 루이스

"이 순간을 붙잡으라"(Carpe diem)는 명언을 들어 보았을 것이다.

뭔가에 깊이 골몰하거나 정신이 팔린 나머지 해야 할 일에 마음을 온전히 쏟지 않다가, 정작 중요한 순간을 아쉽게 놓쳐 버리고 마는 경우가 있다. 부부 관계를 예로 든 루이스의 말을 생각해 보자. 친밀함을 그저 관계의 기술로 치부해 버린다면, 마법같이 아름다운 순간을 놓치고 말 것이다. 배우자를 머리로만 이해할 것인가, 아니면 사랑하는 사람을 얻을 것인가?

하루는 남성들을 위한 집회에 참석한 후 갑자기 아내에게 근사한 저녁을 먹으러 가지 않겠냐고 물은 적이 있다. 아내는 흔쾌히 승낙했지만, 사실은 집회에서 내준 과제 때문이었다. 우리의 결혼생활이 아내에게 얼마나 높은 행복지수를 주고 있는지 알아 가야 했던 것이다. 물론 나도 아내의 마음이 어떠한지 무척 궁금했다. 나는 과제용 질문지가 있는 수첩을 슬며시 다리 위에 펼쳐 놓고 이야기를 시작했다. 그런데 식사하는 동안 연달아 질문을 해대는 내가 이상했는지, 아내가 몸을 앞으로 내밀며 물었다. "혹시 지금 적어 놓은 질문을 읽는 거예요?" 역시 아내는 귀신같이 알아차렸다. 나는 솔직하게, 집회 강사님이 내준 질문이지만 이를 통해 당신의 생각을 알 수 있게 되어서 좋다고 말했다. 그러자 아내가 갑자기 내 손을 잡으며 말했다. "나는 그런 질문보다 당신 마음이 더 중요해요."

그만 중요한 순간을 놓칠 뻔했다. 아내를 이해하려고 한 노력이 오히려 사랑하는 아내와 나를 더욱 분리시킨 것이다. 부디 내 말을 기억하기 바란다. 깨닫는 것은 분명 필요하고 좋은 일이지만, 깨달음을 얻는 방법은 다양하다.

나는 엽총으로 원반을 맞추는 트랩사격을 즐겨 하는데, 어떤 날은 높은 적중률을 자랑하는가 하면 전혀 맞추지 못하는 날도 있다. 그런데 생각만큼 안 되는 날이면 '왜 이렇게 안 맞을까?' 또는 '뭐가 문제인지 알아내야지' 같은 생각에 집중하다가 오히려 더 못 맞추고 실망한 적이 많다. 그러나 원인을 찾아내려는 내면의 조급함을 떨쳐 버리고 사격 자체를 즐길 때 오히려 정확도가 높아진다. 사격을 이해하려고 하기보다는 사격이라는 경험 자체를 목표로 하니, 명중이라는 목표 달성에 가까워진 것이다.

우리는 상황을 이해하려고 노력하다가 그 상황의 목적과 경험을 놓치고, 그 안에 계신 하나님의 임재도 놓치고 만다. 깨달음은 어떤 일을 경험한 후 충분하게 성찰할 때 생기는 것이다. 그렇기에 무언가가 일어나는 동안 우리는 그 일에 매 순간 충실히 참여해야 한다. 나의 좋은 친구이자 훌륭한 멘토인 폴 스탠리에게 들은 말이다. "우리는 경험으로 배우는 것이 아니라 평가된 경험으로 배운다." 그리고, 마음을 쏟지 않은 경험은 평가하기가 어렵다.

우리는 "지금 내가 할 일이 무엇인가?", 또는 "이 일이 나에게 왜 일어나는가?"와 같은 질문에 즉시 해답을 얻고자 스스로에게 엄청난 스트레스를 주면서 듣는 범위를 제한한다. 하나님은 우리의 삶이나 하나님과의 관계에 대해 다양한 통로로 말씀하시는데, 우리는 특정한 대화만 기대하면서 하나님의 음성을 듣지 못하는 것이다.

얕은 물에서 깊은 바다로

나는 고등학생 때부터 대학생 시절까지 매년 여름을 플로리다 남부 지역에서 보냈다. 비록 '바다 사람'의 본성을 갖고 있진 않지만, 나는 스노클링과 스쿠버다이빙은 좋아한다. 하루는 차를 타고 해안을 지나다가 얕은 물에서 서핑을 하는 사람들을 보며 이런 생각을 했던 것이 기억난다. '바다의 진수를 맛보고 진정한 재미를 느끼려면 깊은 바다로 가야 하는데, 저 사람들은 왜 모험을 하지 않을까?' 많은 이들이 얕은 물에서 노는 이유는, 깊은 물을 잘 헤쳐나갈 수 있을지 의심스럽고 어떤 일이 벌어질지 몰라서 두렵기 때문이다. 그래서 많은 것을 놓친다. '지상' 세계에 집착하느라 '수중' 세계를 놓친다. 그러나 확신하건대, 그들이 찾는 것은 깊은 바다 속에 있다.

   예수 그리스도를 따르는 제자인 우리도 마찬가지다. 우리는 얕은 기독교에만 머무른다. '하는 일을 충분히 파악할 수 있는' 작고 안전하고 이해되고 통제 가능한 이야기 안에 우리 자신을 가두어 놓는다. 그러나 그 안에서는 '내가 누구이며, 세상에서 나의 자리는 어디인가' 같은 심도 있는 질문의 해답은 찾기 어렵다.

   예수님은 바닷가에 모인 무리에게 설교하신 뒤에 뜻밖의 말씀을 하셨다. 물고기 잡는 일이 생업인 어부에게 물고기 잡는 법을 가르치신 것이다.

시몬에게 이르시되 깊은 데로 가서 그물을 내려 고기를 잡으라 시몬이 대답하여 이르되 선생님 우리들이 밤이 새도록 수고하였으되 잡은 것이 없지마는 말씀에 의지하여 내가 그물을 내리리이다 하고 눅 5:4-5

베드로는 "선생님, 저희가 밤새 그물을 던졌지만 한 마리도 못 잡았습니다. 너무 힘들었는데, 또다시 헛수고를 하기는 싫어요"라고 대답할 수도 있었다. 하지만 그는 예수님을 믿고 바다로 나갔다.
그리고 말씀에 순종했을 때, 그는 전날과 달리 자신이 원하던 것을 얻을 수 있었다. 그것도 상상을 훨씬 뛰어넘는 양이었다.

그렇게 하니 고기를 잡은 것이 심히 많아 그물이 찢어지는지라 이에 다른 배에 있는 동무들에게 손짓하여 와서 도와 달라 하니 그들이 와서 두 배에 채우매 잠기게 되었더라 눅 5:6-7

물고기를 잡은 기적도 놀랍지만, 더 대단한 일이 그를 기다리고 있었다. 그는 자신이 창조된 목적을 깨달았다. 그것은 바로 사람을 낚는 어부가 되는 것이었다. 예수님이 하신 일을 보고 놀란 베드로가 육지에 닿자마자 예수님의 발아래 엎드렸다. 이에 예수님이 말씀하셨다.

무서워하지 말라 이제 후로는 네가 사람을 취하리라 눅 5:10

많은 사람이 비밀이 숨겨져 있는 깊은 곳을 거부하고 얕은 곳을 선택한다. 그래서 자신에게 허락된 길을 깨닫지 못한다. 그러나 하나님의 비밀을 인정하고 담대히 떠날 때 하나님은 자신이 어떤 분이며, 우리가 누구이고, 하나님 나라가 어떠한지를 드러내 보이신다.

비밀 가운데 하나님을 발견하기

프레더릭 뷰크너의 말이다. "아무리 평범해 보이는 일 속에도 하나님이 계신다. 그분은 언제나 숨어 계신다. 그분을 알아보거나 알아보지 못하는 것은 우리의 책임이다. 그렇기에 더욱 놀랍고 강렬하고 뼈에 사무친다.…삶에 귀를 기울이라. 미지의 신비를 바라보라. 삶의 권태와 고통 속에도 흥분과 기쁨이 있다."[8]

하나님은 우리 삶의 비밀 속에 자신을 숨기심으로써, 우리에게 하나님을 구하고 찾는 놀라운 기쁨을 주신다. 뷰크너가 말한 놀랍고 강렬하고 뼈에 사무치는 전율을 느끼게 되는 것이다.

하나님은 우리 삶의 모든 순간마다 우리의 소명을 새롭게 계시해 주신다. 우리가 활력과 자유와 자신감에 차 있을 때는 물론이고, 좌절하고 상처 입고 방황할 때도 마찬가지다. 하나님은 언제나 우리에게 속삭이신다.

> 너희를 향한 나의 생각을 내가 아나니 평안이요 재앙이 아니니라 너희에게 미래와 희망을 주는 것이니라…너희가 온 마음으로 나를 구하면 나를 찾을 것이요 나를 만나리라 렘 29:11-13

오스왈드 챔버스는 이렇게 말했다. "하나님이 주시는 소명은 무엇이라고 명확하게 정의내릴 수는 없다. 그분이 주시는 소명은 그분의 목적을 위해 하나님과 긴밀한 관계 속에 있는 것이기 때문이다."

우리의 삶에 대한 하나님의 소명은 분명한 방법보다는 비밀에 가깝다. 우리는 분명하고 명확한 것을 원하지만, 우리에게 주어지는 것은 비밀이다. 그러나 비밀을 외면하거나 무시하지 말라. 비밀은 기쁨의 근원이자, 하나님과의 친밀함으로 인도하는 초대장이다. 하나님은 "우리에게 갈 길을 가르쳐 보이고 우리를 주목하여 훈계하"시 32:8 시며, "자기의 기쁘신 뜻을 위하여 우리에게 소원을 두고 행하"빌 2:13 신다. 자신이 창조된 목적을 발견하려면 구하고 찾고 두드려야 한다. '나는 누구인가?'라는 질문의 실마리를 찾기 원한다면, 얕은 곳을 거부하고 깊은 곳으로 나아가라. 우리는 관광객이나 관람객이 아니다. 우리는 탐험가이며 고고학자다.

PART 3

삶의 방향을 발견하려면

지금 아는 것보다 더욱 좋고 숭고하고 거룩한 것을
열망하는 마음이 아니라
그것을 갈망하는 순간들이 존재할 뿐이다.

-헨리 워드 비처-

7년 동안 몸담고 있던 직장이자 공간, 인간관계를 떠나게 되던 날, 나는 이제 어떻게 살아야 하나 싶었다. 내가 떠나야 할 이유도 알고 있었고 하고 싶은 일도 있었지만, 아직 무엇을 어떻게 해야 하는지 구체적인 방법을 알지는 못했다. 그러던 어느 날, 공구 상점에 들어가려던 참에 친구 제프를 우연히 만났다. 그리고 그가 해준 말은 당시 내 상황과 딱 맞아떨어졌다. 나는 20분 동안 가게 입구에 서서 제프의 말을 들었다. 항공기 조종사였던 그는 비행 일정 하나가 끝나고 다음 비행이 시작되기까지 필요한 절차를 내게 들려주었다.

예를 들어 보잉 757기가 공항에 착륙하면, 일단 승객들이 하차한 후 비행기에 재급유를 하고 다음 승객들의 짐을 싣는다. 그동안 항법 컴퓨터는 이전 비행에 사용했던 지도와 발생한 에러들을 삭제하고 다음 비행을 위한 새 항로를 설정한다. 항법 컴퓨터는 우선 지구의 자전을 감안하여 지리적 북극을 찾아야 하는데, 여기에 10분 정도의 시간이 걸린다. 그리고 이때는 반드시 기체를 완전히 정지시켜야 한다. 그렇지 않으면 다음 운항 자체가 위험해진다. 가장 중요한 것은 무엇보다 '방향 재설정'이기 때문이다.

이날 제프는 하나님이 내 삶에 보내신 주님의 천사와도 같았다. 물론 아내도 비슷한 말로 격려해 주었지만, 제프야말로 나의 새로운 여정을 위한 방향 설정에 큰 도움을 주었다. 나는 하나님 앞에 잠잠히 머물러야 한다는 것을 깨달았다. 그렇게 해야만 내 삶에서 일하시는 하나님의 방향을 찾을 수 있었다.

방향 설정

나는 10년 동안 체조선수로 생활했다. 선수 생활 동안 내가 느낀 가장 큰 두려움은 고통이나 부상이 아니었다. 물론 고통이나 부상을 무시할 수는 없지만, 이들은 극복할 수 있는 것이었다. 그러나 가장 큰 적은 무엇보다 가야 할 방향을 상실했을 때 찾아오는 괴로움이었다. 기술 하나를 배우기 위해 오랜 시간 영상을 보면서, 모든 동작을 세부적으로 분석하고 필요한 힘과 유연성을 눈과 머리로 익힌다. 그리고 그 기술이 무의식적으로 몸에 붙을 때까지 반복해서 연습한다. 그런데 정해진 순서대로 연습을 하다가, 한순간 갑자기 멍해질 때가 있다. 상하좌우를 인식하는 방향감각이 말 그대로 사라진다. 그러면 그동안의 모든 기술과 힘과 훈련이 무용지물이 된다. 그리고 이 무시무시한 순간 뒤에 남는 것은 충돌과 부상이다. 이는 기술이나 힘의 문제가 아니다. 문제는 내가 있는 환경, 위치, 상황을 상실한 것이다. 즉, 방향을 잃어버린 것이다.

방향을 상실한 상태에서는 자신의 삶을 이해하기가 어렵다. 여러 검사와 평가와 지표 등을 통해 얻은 정보도 모두 쓸모없어진다. 도무지 이해할 수 없는 상황에 처하면, 제아무리 자신의 성향과 장점을 안다 해도 그것이 자신의 현재 위치를 찾는 데 도움이 되지 않는다.

GPS와 삼각측량법

나는 GPS(위성항법장치)를 볼 때마다 그렇게 신기할 수가 없다. 이 조그만 기계가 21,000여 km나 떨어진 위성과 교신하여 내 현재 위치를 매우 근접하게 알려 준다는 사실이 정말 놀랍다. 몇 년 전에 구입한 GPS 기기에서 내 관심을 사로잡았던 점은, 정확한 위치를 찾아내기 위해 세 개의 좌표를 이용하여 삼각측량 원리를 사용하는 것이었다.

세상에서 우리의 위치와 소명을 정확히 찾아내기 위해서도 세 가지 기준점이 필요하다. 이 기준점들은 바로 이야기, 갈망, 여행이다.

이야기

《마음의 활력》(The Heart Aroused)의 저자 데이비드 화이트는 이렇게 말했다. "일(work)은 연극이다. 우리가 인생의 무대 위에서 활기차게 살지 못하는 이유는 연극적인 감성을 상실했기 때문이다. 즉, 우리의 삶이 어떤 놀랍고 위대한 이야기의 일부라는 사실을 망각했기 때문이다."[1] 정말 대단한 말이다. 이것을 기억하자. 우리의 삶, 우리가 있어야 할 자리는 모두 하나님의 놀랍고 위대한 이야기 안에 있다.

우리는 생각보다 훨씬 거대한 이야기 속에 살고 있다. 그 안에서는 수많은 이야기, 또 이제껏 들어 온 그 어떤 이야기보다 아슬아슬한 일들이 끊임없이 진행되고 있다. 우리의 역할은 생각보다 중요하다. 지금도 아주 극적인 일이 벌어지고 있다.

미국에서 오래도록 사랑받고 있는 동요인 마더 구즈 노래 중 하나는, 이 위대한 이야기 안에서 우리의 삶이 가지는 의미, 결과, 그리고 대체불가성을 이야기한다.

> 못 하나가 없어서 말편자를 잃었네.
> 말편자가 없어서 말을 잃었네.
> 말이 없어서 기수를 못 보냈네.
> 기수를 못 보내서 소식을 못 전했네.
> 소식을 못 전해서 전투에서 패했네.
> 전투에서 패해서 왕국을 잃었네.
> 못 하나가 없어서 전부 다 잃었네.

이 시는 못을 만들거나 말에 편자를 박는 등 평범하고 일상적인 일이 싸움의 승패를 좌우한다고 이야기하면서 평범한 일의 중요성을 말한다. 이처럼 당신이 지금 여기서 해야 하는 대단한 일들이 있다. 이 일들에 기여할 수 있는 것은 당신뿐이며, 이 일의 결과는 당신의 행동에 따라 좌우된다.

대화 중간에 성급히 자기 생각을 말해 버렸다가 곧 후회한 적이 있는가? 어떤 상황인지, 무엇이 필요한지를 모르고 말해 버렸던 것을 뒤늦게 깨달았는가? 누구나 그런 실수를 범한다. 그럴 때면 "듣기는 속히 하고 말하기는 더디 하며"약 1:19 라는 교훈이 떠오른다.

혹시 어떤 상황이나 사람에 대해서 전혀 의심할 여지가 없이 분명하다고 확신했는데 전혀 다른 상황이 벌어진 경우가 있는가? 전화나 이메일로 아무리 연락해도 응답이 없어서 무심하고 무례하다고 생각했는데, 알고 보니 그 사람은 직장과 가족 문제가 겹쳐 복잡한 상황이었다. 사람들에게 상처를 주는 결정을 내린 사장님이나 목사님을 자기 생각만 하는 이기주의자라고 생각했는데, 사실은 사람들이 자신을 오해하게 되더라도 어쩔 수 없이 결정을 내려야 하는 그들만의 고통이 있었다.

어리석게 행동하지 않도록 조심하자. "어리석은 자는 온갖 말을 믿으나 슬기로운 자는 자기의 행동을 삼가느니라."잠 14:15

모든 이야기에는 배경과 맥락이 존재한다. 맥락 없는 글은 가짜라는 말을 들어 보았는가? 정말 그렇다. 우리는 현재 진행 중인 하나님의 위대한 이야기의 전후 맥락을 모르면서, 당장 눈에 보이는 이야기만 받아들이고는 상황과 사람들과 자신의 삶을 오해한다. 눈에 보이는 것이 다가 아니라는 말을 기억하자.

예수님은 자기 삶이 어느 방향으로 흘러가는지 모르는 사람들에게 이렇게 말씀하셨다. 그들은 예수님의 삶이 전하는 이야기(그들이 보고 들은 것)는 읽으려고 노력했지만 그 맥락을 이해하지는 못했다.

> 또 무리에게 이르시되 너희가 구름이 서쪽에서 이는 것을 보면 곧 말하기를 소나기가 오리라 하나니 과연 그러하고 남풍이 부는 것을 보면 말하기를 심히 더우리라 하나니 과연 그러하니라 외식하는 자여 너희가 천지의 기상은 분간할 줄 알면서 어찌 이 시대는 분간하지 못하느냐 눅 12:54-56

예수님은 날씨를 예측하는 능력에 관해 말씀하신 것이 아니다. 하늘의 변화를 분별할 수 있다면 정세의 변화도 분간해야 한다. 사람들은 예수님의 삶의 겉모습은 알았지만, 그 맥락과 배경에는 무지한 채 예수님께 자신들이 기대하는 역할이 적힌 대본을 건넸다. 물론 예수님은 거절하셨다.

> 내가 불을 땅에 던지러 왔노니 이 불이 이미 붙었으면 내가 무엇을 원하리요 나는 받을 세례가 있으니 그것이 이루어지기까지 나의 답답함이 어떠하겠느냐 내가 세상에 화평을 주려고 온 줄로 아느냐 내가 너희에게 이르노니 아니라 도리어 분쟁하게 하려 함이로라 눅 12:49-51

우리도 종종 비슷한 일을 경험한다. 교회 공동체 형제나 친척 등은 우리에게 '이러이러한 삶을 살아야 한다'고 말하지만, 주위의 압력에서 탈출한 뒤에 객관적으로 보면 그 삶은 우리의 참 자아가 아니다. 그럼에도 내게 중요한 사람이 좋은 의도로 삶의 방향을 제시하면 마음이 크게 흔들리는 게 사실이다. 베드로와 예수님의 대화를 보자.

> 이때로부터 예수 그리스도께서 자기가 예루살렘에 올라가 장로들과 대제사장들과 서기관들에게 많은 고난을 받고 죽임을 당하고 제삼일에 살아나야 할 것을 제자들에게 비로소 나타내시니 베드로가 예수를 붙들고 항변하여 이르되 주여 그리 마옵소서 이 일이 결코 주께 미치지 아니하리이다 예수께서 돌이키시며 베드로에게 이르시되 사탄아 내 뒤로 물러가라 너는 나를 넘어지게 하는 자로다 네가 하나님의 일을 생각하지 아니하고 도리어 사람의 일을 생각하는 도다 하시고 마 16:21-23

많은 사람이 우리의 삶을 이해하지 못한 채 우리의 환경만을 보고서 방향을 제시한다. 그리고 우리는 그들이 작성한 대본을 받아들여, 별로 관심도 없고 즐겁지도 않은 교육, 직업, 진로를 추구한다.

만약 DVD 대여점에 가서 당신의 삶을 가장 잘 대변하는 영화를 하나 찾아 보라고 한다면, 액션, 드라마, 코미디, SF/판타지, 호러, 미스터리/스릴러, 로맨스, 가족/아동, 다큐멘터리, 전쟁 중 어느 섹션에 먼저 가겠는가? 이렇게 묻는 이유는, 자신이 현재 속했다고 생각하는 이야기에 따라 삶을 해석하고 반응하는 방법이 결정되기 때문이다.

　오랫동안 꿈꿔왔던 크루즈 여행을 드디어 떠난다고 생각해 보자. 지금 당신의 기대감은 최고조에 달해 있다. 가장 가고 싶은 목적지와 최고급 여객선을 선택해 놓았고, 날씨 또한 환상적이다. 당신은 이번 여행을 위해 아낌없이 투자했다. 그런데 출항한 지 얼마 되지 않아, 구름 한 점 없이 잠잠하던 바다가 갑자기 비바람이 치고 풍랑이 거세진다. 기상 악화는 애초에 기대했던 선상의 즐거움을 모두 앗아갔다. 하는 수 없이 실내 레스토랑에 머물면서 점심 식사로 아쉬움을 달래 본다. 그러나 서비스는 실망적이다. 음식은 나오기까지 너무 오래 걸리고, 다 식어 버린 데다 신선도도 떨어진다. 비를 피해 안으로 들어온 다른 사람들이 개인적 공간을 침해하는 것도 신경 쓰인다. 하나같이 시끄럽고 요구가 많다. 안정을 찾으려고 선실로 돌아가 보지만, 밖에서 떠드는 소리가 여전히 들려온다. 당신도 모르게 푸념이 나온다. "도대체 왜 이런 일이 벌어졌을까? 왜 이리 골치 아픈 일이 계속되지? 하나님이 딱 한 번만 오셔서 해결해 주시면 안 되나?"

　자, 이번에는 그저 배경만 바꿔 보자. 당신이 타고 있는 배는 여객선이 아니라 전함이다. 당신은 오늘을 꿈꾸면서 열심히 훈련해 왔다. 기대감은 최고조에 달한다. 국민의 생명과 자유를 지키기 위해 전우들과 함께 참전한다는 사실에 무척 흥분된다. 내가 혼자가 아니고 많은 사람과 함께해서 다행이다. 우리는 모두 서로가 필요하다. 비록 음식은 훌륭하지 않지만 버티기 위해 열심히 먹는다. 지루함과 긴장감이 왔다 갔다 하지만 전함은 계속 목적지를 향해 나아간다. 외부 상황이 힘겹더라도, 당신은 자신의 역할과 임무, 훈련과 목표에만 집중한다. 당신도 모르게 이런 말이 나온다. "훈련받은 것을 언제 실전에 활용할 수 있을까? 언제쯤 적과 만나게 될까?"

자, 어떤가? 배경을 바꾸니 이야기가 완전히 달라진다. 첫 번째 이야기의 주제는 소소하다. 개인의 편안함과 즐겁고 평화로운 휴가에 관한 이야기다. 두 번째 이야기의 주제는 훨씬 크다. 사명, 대의, 전쟁, 다시 말해 자유와 생명을 위한 전투가 그 주제다.

사람들은 대개 두 번째 이야기의 현실을 인정하면서도 첫 번째 이야기라는 환상 속에서 산다. 믿는 사람인 우리 역시 말로는 하나님 나라와 사탄의 나라 사이에 큰 전투가 벌어지고 있다고 하면서, 그 전투는 별로 위협적이지 않은 먼 곳에서 일어난다고 생각하며 평범한 시민처럼 매일을 살아간다. 삶의 질을 높이고 외부 요인들을 잘 통제하면 맡은 바를 다 이룬 거라고 생각한다. 중대한 사명을 향해 전진하는 전함이 아닌, 평화로운 여객선에서 휴가를 보낸다고 생각하는 것이다.

> 삶이란 즐기는 것이 아니라
> 각자에게 주어진 임무라는 사실을 깨닫기 전까지는
> 삶의 진정한 의미도 참된 행복도 발견할 수 없다.
>
> **빅터 프랑클**

- **위대한 이야기: 극복, 그리고 창조된 목적에 합당한 사람 되기**

위대한 이야기에서 중요한 테마 중 하나는, 자신이 창조된 목적에 맞는 사람이 되는 것이다. "하나님이 주신 돌에 적힌 이름에 합당한 사람이 되려면 그 이름의 의미부터 알아야 한다.…누군가가 그 이름이 될 때까지는, 그는 아직 그 이름으로 불리지 못한다."[2]

위대한 이야기의 다른 테마는 '극복'이다. 극복이 필수 요소라는 것은 뛰어넘고 정복할 적이 있다는 뜻이다. 우리는 위험천만한 전투에 참전하는 것처럼 살아야 한다. 그것이 우리의 이야기다.

적을 극복하고 창조된 목적에 맞는 사람이 되는 것이 우리가 속한 이야기의 주제다. 러시아 사상가 니콜라이 베르댜예프는 "좋은 삶을 산다는 것은 종종 진부하고 따분하고 평범하다. 그러나 우리는 영적 전투가 벌어지는 치열하고 창조적인 삶을 살도록 창조되었다"라고 말했다. 그의 말이 맞다면, 분명 하나님은 우리의 삶을 보호하고 계신다. 그리고 우리의 삶은 치열하고 창조적이고 영적인 싸움이다.

- **우리의 이야기: 중요하지만 좀 더 작은 이야기**

우리는 데이비드 화이트의 말처럼 '연극적인 감성의 상실' 속에 살고 있다. 이 감성을 되찾으려면 삶의 방향을 더욱 광대한 현실로 설정해야 한다. 그러자면 창조 때 의도된 존재로 자라 가는 우리의 이야기를 알아야 한다. 시나리오를 잘 읽고 분석하면 저자의 의도를 파악할 수 있으며, 그분이 하려고 하시는 일이 무엇인지도 깨달을 수 있다. 우리의 이야기 안에는 하나님 이야기의 테마가 드러나 있다. 하나님은 언제나 이미 하신 일을 기반으로 다음 일을 하신다.

우리는 삶에 찾아오는 결정적인 순간들을 기억해야 한다. 우리의 이야기에 등장하는 사람들, 그들의 역할과 퇴장, 우리가 가장 살아 있다고 느꼈던 순간과 완전히 길을 잃었다고 느꼈던 순간, 꿈꾸는 것과 두려워하는 것, 어린 시절 좋아했던 이야기와 장난감 등도 모두 중요하다. 이 모든 다양한 소재와 주제들이 당신의 이야기를 구성하는 요소가 되어, 당신이 누구인지를 깨닫게 해주기 때문이다. 모든 일은 의미 없는 사소한 우연이 아니다. 그 모두 바로 당신 자신이다.

댄 알렌더는 "이야기는 해답을 주지 않지만 관점을 제공해 준다"고 했다. 세상에서 우리의 자리와 소명을 발견하려면 관점, 즉 방향이 필요하다. 그러나 우리의 이야기는 삼각측량 원리에 필요한 하나의 기준점에 불과하다. 그다음으로 우리는 마음을 '갈망'에 맞춰야 한다.

갈망

조지 맥도널드는 "하나님은 모든 사람에 대해 비밀을 갖고 계신다"라고 말했다. 하나님은 우리의 참모습, 곧 우리의 성품, 본성, 의미를 비밀로 하신다. 물론 우리 삶의 온전한 모습과 최종적인 정리는 먼 미래의 어느 날 완성되겠지만, 하나님은 "의인의 길은 돋는 햇살 같아서 크게 빛나 한낮의 광명에 이르거니와" 잠 4:18 라는 말씀처럼 우리에게 점진적으로 해답을 보여 주신다.

다른 말씀도 보자. "여호와를 경외하는 자 누구냐 그가 택할 길을 그에게 가르치시리로다…그의 언약을 그들에게 보이시리로다."시 25:12, 14 하나님과 걸어가다 보면 우리를 창조하신 계획, 의도, 길이라는 비밀을 보여 주실 때가 온다. 그러면 어디에서 어떻게 보여 주실까?

우리가 하도록 예정된 일은 갈망이라는 형태로 나타난다. "너희 안에서 행하시는 이는 하나님이시니 자기의 기쁘신 뜻을 위하여 너희에게 소원을 두고 행하게 하시나니."빌 2:13 놀라운 소식을 전하자면, 우리가 해야 할 일은 우리가 가장 하고 싶어 하는 일이다. 다시 한 번 말한다. 당신이 해야 할 일은 당신이 가장 하고 싶어 하는 일이다. 오스 기니스는 이렇게 말했다. "'당신이 하는 일'은 당신이 아니다. 소명은 당신에게 '당신의 모습 그대로 행하라'고 말한다."[3]

내 설명이 매우 낯설고 위험하게 들릴 수 있을 것이다. 어쩌면 신성모독같이 보일지도 모르겠다. 사실 교회에서는 갈망이나 욕망(desire)에 관해 별로 이야기하지 않는다. 말한다 해도, 적어도 긍정적으로는 이야기하지 않는다. 욕망이라는 이름 아래 자행되는 수많은 어리석고 이기적이고 악한 일들 때문이다. 그렇기에 소명에 대해 말하다 보면 대화의 주제는 필요와 책임을 거쳐 자연스럽게 의무로 이어진다. 그러나 우리는 의무가 아니라 갈망으로 살아가는 존재다. C. S. 루이스의 말을 들어 보라. "완벽한 사람은 결코 의무감 때문에 행동하지 않는다. 그는 언제나 잘못된 행동보다는 올바른 행동을 하기를 원한다. 의무는 그저 (하나님과 사람들에 대한) 사랑의 대체물일 뿐이며, 다리를 대신하는 목발과 같다. 다리를 다쳤을 때는 목발이 필요하지만, 두 다리(개인의 선호, 취향, 습관)로 걸을 수 있는데도 목발을 사용하는 사람은 어리석다."[4] 우리는 갈망으로 말미암아 살도록 초대받았다. 하지만 종종 우리의 갈망은 엉망인 데다 이해하기 어렵게 느껴진다. 이에 대해서는 뒤에서 설명하겠다. 지금은 이것만 기억하라. 하나님은 당신의 갈망을 통해 당신이 지금 여기서 해야 할 일을 말씀하신다.

이야기와 갈망에 대해 알아보았으니 이제 우리가 가야 할 방향에 더 가까워졌다. 하지만 삼각측량을 완성하려면, 마지막으로 세 번째 좌표인 여행을 하는 것이 필요하다.

여행

모든 사람에게는 반드시 거쳐야 하는 과정, 변화 단계, 여행이 있다. 이 사실을 알지 못한다면 우리는 삶을 잘못 해석하고 오해하게 된다.

오래전에 나는 콜로라도 주로 5일 동안 트레킹을 떠난 적이 있다. 배낭만 메고 떠나는 여행을 해본 적이 없던 나는 캠핑장에서 요리도 하고 모닥불에 둘러앉아 이야기도 하며, 밤하늘 아래 텐트에서 잠드는 낭만적인 모습을 상상했다. 하지만 트레킹은 생각지도 못한 힘과 인내와 시간을 요구했다. 자연의 아름다움을 느끼고 모험을 하기 위해 그 정도까지 해야 하는 줄은 꿈에도 몰랐다. 부스럭대는 소리에 잠을 깨는 것이나, 너무 큰 기대를 한 나머지 실망감을 느끼게 될 것임은 어느 정도 예상했다. 그러나 나는 함께 여행하던 등산객들을 통해 일정한 하루의 여정, 예상 도착 시간, 고도의 변화, 적절한 장비, 영양분 섭취, 배낭의 무게, 기후 변화 등에 무척 민감해야 함을 배우게 되었다. 직접 야영을 해본 후 나의 생각이 달라졌다. 몸소 체험해 보니 장비와 물품, 몸 컨디션이 무엇보다 중요하다는 것을 깨달은 것이다. 목적지가 아닌 여행 자체에 대해 깨닫고 나니 나의 경험은 완전히 달라지게 되었다. 다음 말씀을 보라.

> 주께 힘을 얻고 그 마음에 시온의 대로가 있는 자는 복이 있나이다 그들이 눈물 골짜기로 지나갈 때에 그곳에 많은 샘이 있을 것이며 이른 비가 복을 채워 주나이다 그들은 힘을 얻고 더 얻어 나아가 시온에서 하나님 앞에 각기 나타나리이다 시 84:5-7

우리는 순례 여행 중이다. 거룩한 목적을 위해, 거룩한 장소를 향해 길고 긴 여행을 떠났다. 가는 길에서는 슬픔과 가뭄, 기쁨과 추수 등 다양한 장소와 시기를 만나고 지난다. 그러는 가운데 우리의 힘은 한 수준에서 다음 수준으로 성장하는데, 그 힘의 근원 역시 하나님으로부터 온 것이다. 성경은 또 이렇게 말한다.

> 우리가 다 수건을 벗은 얼굴로 거울을 보는 것같이 주의 영광을 보매 그와 같은 형상으로 변화하여 영광에서 영광에 이르니 곧 주의 영으로 말미암음이니라 고후 3:18

우리의 삶은 한 수준의 영광에서 다음 수준의 영광으로 이동하는 점진적인 변화를 경험한다. 변화에는 시간이 필요하다. 그러나 시간이 반드시 변화를 가져오지는 않는다. 더욱 위대한 존재로 변하려면 순례의 여행을 하는 것이 필요하다.

나의 큰아들 제시는 고등학교를 졸업한 뒤에 유서 깊은 순례길로 여행을 떠났다. 성 야고보의 길이라고 불리는 이 여정은 스페인 북서부 갈리시아 주에 있는 산티아고 데 콤포스텔라 대성당까지 걸어가는 순례의 길로, 그 성당에는 사도 야고보의 무덤이 있는 것으로 알려져 있다. 제시는 프랑스 국경 지역인 생장삐에드포르에서 출발하여, 피레네 산맥을 거쳐 산티아고 데 콤포스텔라에 이르는 800km에 이르는 여정을 홀로 걸었다.

비록 떠나기 전 여정을 치밀하게 연구하고 다른 순례객들의 기행문도 찾아서 읽었지만, 제시의 여행은 생각보다 더욱 힘들었다. 물론 예상을 뛰어넘는 모험과 아름다움도 경험할 수 있었다. 45일 후 우리 부부는 집으로 돌아오는 제시를 맞이하기 위해 덴버 국제공항으로 마중을 나갔다. 그런데 처음 제시를 보자마자 우리는 그 아이가 달라진 것을 알 수 있었다. 외모가 달라진 것은 아니었다. 그러나 표정에서 어떤 변화가 묻어났다. 성숙해졌다고 해야 하나? 우리 아들은 훨씬 나은 사람이 되어 있었다. 45일 동안 나이를 더 먹었다는 말이 아니라, 순례의 여정이 그를 변화시킨 듯 보였다. 이 책의 뒷부분에서 갈망과 함께 여행에 대해서도 좀 더 이야기하겠다.

지금까지 이야기, 갈망, 여행이라는 세 기준점에 대해 알아보았으니, 이제 방향 설정이 끝났다. 지금부터는 삼각측량법을 사용하여 하나님의 위대한 이야기 속에서 우리의 위치와 역할을 찾아 보자.

A&O x 3

이번에는 세 개의 기준점에 대해서 다른 방법으로 설명해 보겠다. 응급구조원들은 정신적 외상을 입은 환자를 진찰할 때 먼저 다음과 같은 세 가지 질문으로 의식 수준을 체크한다.

이름이 무엇입니까?
오늘이 며칠입니까?
당신은 지금 어디에 있습니까?

이 세 가지 질문에 정확히 대답하면 그 사람의 의식이 정상이라고 판단하는데, 이를 A&Ox3(Alert and Oriented Times Three, '이름, 시간, 장소에 대한 의식이 정상'이라는 뜻. '에이오쓰리'라고 읽음 - 역주)라고 한다. 우리도 이와 같이 자신의 이야기, 자신의 갈망, 자신의 여행을 항상 인식하는 정상적인 의식 상태를 유지해야 한다.

여기에 질문 하나를 추가하기도 하는데, 이는 "무슨 일이 일어났는지 말할 수 있습니까?"다. 이 질문까지 잘 대답하면 A&Ox4(에이오포)

가 된다. 그리고 이 질문은 우리의 소명을 찾는 데 중요한 기준점이 되는 깨달음(계시)으로 우리를 인도한다.

하나님이 계시하시는 깨달음

자신의 소명 안으로 들어가려면 이야기와 갈망, 여행만으로는 알 수 없는 부분까지 알아야 한다. 그리고 이는 오직 하나님만이 알려 주실 수 있다. 바울은 이렇게 기도했다.

> 우리 주 예수 그리스도의 하나님, 영광의 아버지께서 지혜와 계시의 영을 너희에게 주사 하나님을 알게 하시고 너희 마음의 눈을 밝히사 그의 부르심의 소망이 무엇이며…너희로 알게 하시기를 구하노라엡 1:17-19

지혜(A&Ox3)와 계시(A&Ox4)다. 우리가 알아야 하지만 지금 당장은 모르는 것이 바로 비밀이다. 그리고 이 비밀은 하나님과의 친밀함을 향한 초청임을 기억하라. 예수님은 이렇게 말씀하셨다.

> 하나님께 속한 자는 하나님의 말씀을 듣나니 요 8:47

> 나는 선한 목자라 나는 내 양을 알고 양도 나를 아는 것이…내 양은 내 음

성을 들으며 나는 그들을 알며 그들은 나를 따르느니라 요 10:14, 27

그리고 달라스 윌라드는 "예수 그리스도를 통해 자신을 드러내신 하나님이 우리에게 말씀하지 않으신다면 그것이야말로 놀랄 만한 일이다.… 예수님이 제자 다대오에게 하신 말씀 요 14:23 에서 볼 수 있듯, 매우 친밀한 두 사람이 서로 대화하지 않기란 불가능한 일이다. 우리 안에 거하시는 성령님은, 결코 쿡쿡 찌르기만 하고 감탄과 놀람만으로 표현을 제한하는 벙어리가 아니시다"[5]라고 말했다.

하나님은 우리에게 "내가 네 갈 길을 가르쳐 보이고 너를 주목하여 훈계하"시 32:8 겠다고 분명하게 약속하셨다. 우리는 그분을 따르는 제자이며, 그렇기에 반드시 그분의 말씀에 귀 기울여야 한다. 그리고 하나님은 "아침마다 깨우치시되 나의 귀를 깨우치사 학자들같이 알아듣게" 사 50:4 하신다.

하나님이 하시는 말씀을 듣는 것은 그분과 함께 걸어가는 여행길에서 반드시 필요한 사항이다. 이에 대해 달라스 윌라드는 '지적·영적 안전모 착용구역'이라는 표현을 사용했다. 기회가 된다면 그의 책 《하나님의 인도: 하나님과 대화하는 관계 형성》(*In Search of Guidance: Developing a Conversational Relationship with God*)을 읽어 보기 바란다.

지금까지 이야기한 대로, 자신의 소명과 하나님이 우리를 창조하신 목적을 발견하려면 방향을 알아야 한다. 진북을 찾아야 하는 것이다. 우리의 마음이라는 항법 장치에서 부정확한 지도와 에러들을 제거하고, 이야기와 갈망, 여행이라는 세 가지 좌표로 방향을 재설정하라.

이야기: 우리 눈에 보이는 것보다 더 크고 놀라운 것, 즉 하나님의 위대한 이야기가 진행되고 있다는 사실을 꼭 기억하라. 우리는 여객선이 아니라 전함에 타고 있다. 그래서 생각보다 큰 위험이 닥칠 수 있다. 그러나 우리에게는 우리의 생각 이상으로 훨씬 더 많은 가능성이 있다. 영적인 세계에서 우리의 삶이 가진 능력을 과소평가하지 말라. 우리 이야기의 주제는 극복, 그리고 창조된 목적에 합당한 사람이 되는 것이다.

갈망: 이 위대한 이야기에서 우리가 할 일은 바로 우리가 가장 하고 싶어 하는 일이다. 그리고 그 일은 갈망이라는 형태로 우리 마음에 새겨져 있다. "너희 안에서 행하시는 이는 하나님이시니 자기의 기쁘신 뜻을 위하여 너희에게 소원을 두고 행하게 하시나니." 빌 2:13 우리가 살고 있는 이야기뿐 아니라, 우리의 갈망을 계속 자각해야 한다.

여행: 자신의 참모습을 찾고 자신에게 맡겨진 역할을 깨닫는 길에서는 반드시 어떤 과정, 변화 단계, 여행이라는 기준점을 거쳐야 한다. 그런데 이 세 가지 기준점도 매우 중요하고 강력하지만, 우리에 삶에는 이를 넘어서서 오직 하나님만이 알려 주시는 것들이 있다. 하나님은 우리의 성장 과정 가운데 친밀하게 동행하기를 원하시며, 우리가 예정된 삶을 찾기 바라신다. 그렇기에 그분은 우리에게 개인적으로 말씀하실 수밖에 없다. 그리고 그분은 분명히 그렇게 하실 것이다.

PART 4

내 삶 가운데 빛나는 영광

하나님의 도움으로만
나는 내가 될 수 있다.

-쇠렌 키르케고르-

나는 그리스도인은 자신이 지은 죄에 책임을 져야 한다는 말을 수없이 들어 왔다. 죄의 무게, 깊이, 결과를 모두 책임져야 한다. "하나님의 뜻대로 하는 근심은 후회할 것이 없는 구원에 이르게 하는 회개를 이루는 것이요" 고후 7:10라는 말씀으로 볼 때, 우리가 하나님과 동행하는 여행 가운데에는 죄 또한 함께한다. 그러나 예수님은 "회개하고 복음을 믿으라" 막 1:15고 말씀하셨다. 예수님이 이사야 61장을 인용하면서 말씀하셨듯이, 복음은 마음이 상한 자를 고친다. 또한 포로된 자에게 자유를 주고 재 대신 화관을 주고 슬픔 대신 기쁨을 주고 근심 대신 찬송을 준다. 이것이 참된 복음이다. 그리고 성경은 여기서 끝나지 않는다. 회개하고 복음을 믿은 사람은 하나님의 영광을 나타내며, 황폐하고 무너졌던 곳을 다시 쌓고 일으키며 재건한다.

당신의 삶 가운데 영광이 빛나게 하려면

우리를 위해 행하신 그리스도의 역사 덕분에, 그리고 우리 안에 있는 그리스도 덕분에, 우리는 하나님의 영광을 나타내는 존재이자 그분의 형상을 보유한 자가 되었다. 그래서 우리는 사람들이 흔히 생각하듯이 그저 하나님의 용서와 관용의 대상 정도가 아니다. 우리의 삶에는 우리가 책임져야 하는 광채와 위엄이 존재한다. 우리 삶의 영광은 쉽게 사라지지 않는다. 이는 우리에게 주어진 것이다. C. S. 루이스는 이렇게 말했다. "구속받은 인간은 타락하지 않은 인간보다 훨씬 더 영광스러운 존재다."[1]

우리는 용서가 필요하며 용서를 받아야 하는 존재지만, 우리에 대해 훨씬 더 놀라운 사실이 있다. 우리의 시작은 더 높은 곳이다. 우리의 삶은 상상을 초월할 정도로 중요하고 엄청나고 영광스럽다. 다윗은 하나님이 우리를 하나님보다 조금 못하게 하시고, 우리에게 영광과 존귀로 관을 씌우셨다고 했다. 시 8:5

여기서 잠시 이렇게 질문하고 싶다. 당신도 그렇게 생각하는가? 당신의 삶 안에 영광과 존귀를 갖고 있다는 사실을 날마다 인식하며 사는가? 아마 그렇지 않을 것이다. 어쩌면 그런 말을 들어본 적도 없고 실감하지도 못할 것이다.

여기서 잠시 '영광'이라는 말을 새롭게 정의해 보고 싶다. 나는 대학생 시절 처음으로 그리스도를 믿게 되었는데, 당시 무슨 뜻인지 잘 와닿지도 않고 발음도 부담스러운 영광이라는 단어가 신비롭긴 하나 어딘가 모르게 불편했다. 그러나 사실 영광은 하나님과 그분의 창조, 그리고 우리 자신을 이해하는 데 없어서는 안 되는 단어다. 문자 그대로 '영광'이란, 사물이나 사람이 지닌 위엄, 풍성함, 광채, 아름다움, 탁월함, 무게감, 중요성이다. 하늘의 별을 보다가 하나님의 솜씨에서 광채와 아름다움과 탁월함을 발견한 다윗은 다음과 같이 노래했다.

> 하늘이 하나님의 영광을 선포하고 궁창이 그의 손으로 하신 일을 나타내는도다 시 19:1

잠언은 청년의 영광(영화, 풍성함)은 그의 힘이며, 노인의 영광은 그의 경험과 지혜라고 말한다.잠 20:29 우리는 아름다운 그림이나 석양, 눈 덮인 산 등 아름다운 것을 보면 '영광스럽다'(glorious)고 말한다. 어떤 일에 열정적이 되어 완전히 빠진 사람들을 보면 '자기 영광에 심취해 있다'(in their glory)고 말한다. 흥미로운 점은, 단순히 그 사람이 어떤 일을 잘하기 때문에 이런 표현을 사용하는 것은 아니라는 점이다. 이는 평범하게 하는 차원을 넘어서 탁월하게 잘하는 사람들에게만 사용되는 말이다. 즉, 영광은 평범한 것이 아닌 특별한 것을 가리킨다.

예를 들어 보겠다. 아내와 큰딸 알렉시는 기가 막히게 춤을 잘 춘다. 어떤 음악에든 곧바로 몸으로 반응한다. 다른 자매들과 어울려 워십 댄스를 출 때, 그 둘은 확실히 눈에 띈다. 다른 자매들도 그동안의 노력과 집중력과 수고가 느껴질 정도로 열심히 하고 잘하지만, 아내와 알렉시를 보면 기쁨과 열정뿐 아니라 무언가 무아지경 가운데 춤을 추는 것이 느껴졌다. 그것은 연습이 아니라 내면 깊은 곳에서 자연스럽게 흘러나오는 춤이었다. 그들은 완전히 영광에 심취해 있었다. 춤추는 그들에게는 광채와 풍성함이 흘러나왔다. 그들은 춤을 출 때 특별했다.

이사회에서 만난 데이비드라는 사람도 생각난다. 그는 인력관리 전문가다. 다른 이사진들도 훌륭하지만 데이비드가 제시하는 의견과 시각은 이사회 운영에 큰 보탬이 된다. 한번은 이사회 회의에서 데이비드가 모든 사람이 느낄 정도로 다른 모습을 보였다. 그에게는 자신에 대한 분명한 깨달음이 있었다. 그의 표정과 말에는 확신에 찬 권위가 있었고, 훈련으로 배울 수 없는 특별한 집중력이 있었다. 그는 자신의 영광에 심취해 있었다. 그의 존재와 말에는 분명한 무게가 있었다. 그는 매우 비범해 보였다.

또 언젠가 우리 아들이 차고에서 무언가 하는 것을 발견한 때가 생각난다. 그 아이는 내가 보고 있다는 사실을 모르는지, 자기가 하는 일에 몰두해 있었다. 차고 조명의 밝기나 배고픔 등 환경과 상황은 상관하지 않았다. 아이는 단순히 즐겁게 노는 것이 아니라, 특별한 일에 집중해 있었다. 그 행동에는 중요성과 무게감과 광채가 있었다. 그는 자신의 영광에 심취해 있었다.

이 모든 사람의 삶에서 나는 어떤 '무게감'을 발견할 수 있었고, 이 경험은 나에게 깊은 인상을 남겼다. 평범을 넘어선 비범함, 이례적인 특별함을 목격한 것이다. 어떤 일을 잘 하고 못 하고를 떠나서 그들의 행동에는 각 사람의 광채와 하나님의 광채가 나타났다.

내가 말하려는 것은 마치 다 쓰러져 가는 집에 걸려 있는 화려한 그림처럼 부적절하고 과장된 진실이 아니다. 하나님이 우리 안에 주신 영광을 아는 것은 우리가 어떻게 구원받고 변화되고 성화되고 구별되며 새로워졌는지를 깨닫는 데 반드시 필요하다.

구약성경은 하나님과 그분의 영광(그분의 광채, 풍성함, 무게감)이 백성의 성전과 성막에 거하신다고 거듭 말한다. 신약성경에서 바울은 그리스도께서 개입하신 이후에 전과 달라진 점이 있다면, 이제는 우리가 하나님과 그분의 영광이 거하는 장소가 된 것이라고 말한다.

> 너희는 너희가 하나님의 성전인 것과 하나님의 성령이 너희 안에 계시는 것을 알지 못하느냐? 고전 3:16

> 우리는 살아 계신 하나님의 성전이라 이와 같이 하나님께서 이르시되 내가 그들 가운데 거하며 두루 행하여 나는 그들의 하나님이 되고 그들은 나의 백성이 되리라 고후 6:16

예수님은 우리가 영광과 존귀로 관을 쓰고 시 8:5 하나님의 영광을 나타낼 자 사 61:3 가 되는 우리의 본래 목적을 회복하도록 하는 것을 자신의 사명으로 여기셨다. 하나님은 자신의 백성을 억압하는 세력에게 이렇게 말씀하신다.

내가 북쪽에게 이르기를 내놓으라 남쪽에게 이르기를 가두어 두지 말라 내 아들들을 먼 곳에서 이끌며 내 딸들을 땅 끝에서 오게 하며 내 이름으로 불러지는 모든 자 곧 내가 내 영광을 위하여 창조한 자를 오게 하라 그를 내가 지었고 그를 내가 만들었느니라 사 43:6-7

하나님은 우리가 그분의 영광을 나타내도록 창조되었다고 하시는데, 그렇다면 우리는 이를 어떻게 나타낼 수 있을까? 물론 쉬운 일은 아니다. 하지만 한편으로 매우 간단한 일이다. 우리는 하나님이 이미 우리에게 주신 영광 안에 살면서, 그 영광을 실천하면 된다. 우리는 우리 삶의 영광을 소유하고 있다. 삶의 평범한 일들 속에서 특별함을 살아내고 있다.

미국의 수필가 노먼 커즌스는 말한다. "인생의 비극은 죽음이 아니라, 우리가 사는 동안 무언가를 우리 안에서 죽게 내버려 두는 현실이다." 혹시 당신은 당신의 삶이 지닌 영광, 아름다움, 풍성함, 탁월함, 무게를 죽게 놔두지 않았는가? 그것이야말로 진짜 비극이며, 이 세상에 큰 해악이다. 성경은 우리가 하나님이 주신 영광을 발견하고 소유하고 드러내기를 온 하늘이 고대하고 있다고 말한다.

이러므로 우리에게 구름같이 둘러싼 허다한 증인들이 있으니 모든 무거운 것과 얽매이기 쉬운 죄를 벗어 버리고 인내로써 우리 앞에 당한 경주를 하며 히 12:1

여기에서 "우리 앞에 당한 경주"란 교회 출석이나 헌금, 봉사 이상의 무게를 지닌다. 그것은 우리가 가진 하나님의 영광을 세상이 경험하도록 하는 것이다. 이 경주는 그만큼이나 중요한 것이다!

내 삶의 무게를 과소평가하고 있지 않은가?

혹시 방금 이야기한 내용 때문에 어떤 독자는 이 책이 신성모독, 불경스러움, 육신의 교만 같은 것을 말하는 것은 아닌가 싶어 불편해할지도 모르겠다. 물론 우리는 항상 자신이 '은혜로 구원받은 죄인'이라고 생각하며 살아야 한다. 하지만 그것으로 끝인가? 용서를 받았다는 사실 말고는 우리 삶과 내면은 아무것도 달라지지 않았는데 말이다. 또 어떤 이들은 "내가 할 일은 하나님이 하시는 일을 방해하지 않는 것이다"라고 말한다. 하지만 과연 그런가? 하나님께 우리는 그저 거치적거리고 귀찮은 골칫거리일 뿐이라는 말인가? 어떤 사람들은 또 "이 세상의 삶은 천국을 위한 준비일 뿐이다"라고 말한다. 그렇다면 지금 여기서의 삶은 중요하지 않다는 말일까? 정말 우리 삶의 모든 것이 별로 중요하지 않은가?

안타깝게도 이런 의견들 안에는 약간의 진실과 겸손의 흔적이 보이기 때문에 많은 사람이 이를 쉽게 받아들여 버린다. 그러나 위의 말들은 절대로 사실이 아니며, 성경적인 겸손의 열매와도 무관하다. 오히려 악한 의도가 있고 맥락과 상관없이 잘못 적용된다. 그래서 사람들로 하여금 각자의 삶에 있는 무게를 불신하고 포기하게 만든다.

나는 지금 당신에게 그런 생각을 심어 준 사람이나 기관이 악한 의도를 가졌다고 비난하는 것이 아니다. 내가 비난하는 것은 우리의 삶을 두려워하는 하나님의 대적, 즉 사탄이다. 앞에서 말한 바와 같이, 영적인 차원에서 당신의 삶의 능력을 과소평가하는 유일한 사람은 당신 자신뿐이다.

우리의 삶과 역할이 중요하지 않다는 생각은, 영광스러운 큰 능력으로 구원받은 우리를 소극적이고 수동적이고 타협하고 불성실하고 무덤덤한 사람으로 전락시킨다. 충분히 가능한 일이다. 우리는 종종 마음속에 있는 깊은 갈망을 무시한다. 그러고는 왜곡된 겸손의 옷을 입고서 자신의 삶에는 영광, 아름다움, 무게가 없다고 생각한다. 세상의 삶을 싫어할수록 그만큼 더 헌신된 종이 되며, 하나님을 향한 사랑의 순도가 깊어진다고 착각한다.

그 결과 교회의 문화는, 비밀스럽지만 실제적인 영광의 삶에서 멀어져 생명 없는 의무와 기능뿐인 것으로 전락하고 말았다. 자신의 삶의 영광을 소유하고 그 영광을 세상에 보이기보다는 하나님을 위해 '해야 하는 일'을 '탁월하게' 하는 데에만 집중하는 것이다. 그러나 제일 먼저 필요한 것은 하나님과의 친밀함, 그리고 우리의 전심이다. 다른 것들은 모두 그 다음이다.

예수님은 성경의 핵심을 놓친 사람들에게 "너희가 성경도 하나님의 능력도 알지 못하는 고로 오해하였도다"마 22:29 라고 말씀하셨다. 많은 그리스도인이 '하나님께 사용받고 중요한 일에 참여하고 싶다'는 마음으로 기독교 단체나 교회에서 섬긴다. 그런데 그들은 자신이 하는 일에서 성취감, 기쁨, 탁월함, 모험, 아름다움, 하나님과의 친밀함을 경험하기보다는 실망과 피로에 지쳐 있다. 기독교 단체에서 일하다가 신학대학원에 들어간 한 형제가 이렇게 말하는 것을 들은 적이 있다. "내 소명은 사역을 하는 동안 고갈되었고, 신학교에 다니면서는 완전히 무너져 버렸습니다."

내가 동역하던 한 유명 기독교 단체에서도, 각종 정책과 처벌을 사용하여 자신과 맞지 않는 자리에서 일하는 직원들이 내키지도 않는 마음을 쏟도록 독려하는 경우를 종종 보았다. 의사들에 따르면 우울증이나 스트레스 관련 질병을 앓는 환자들의 상당수가 기독교 사역단체 직원들이라고 한다. 어딘가 문제가 있다고 생각하지 않는가?

예수님은 "나는 마음이 온유하고 겸손하니 나의 멍에를 메고 내게 배우라 그리하면 너희 마음이 쉼을 얻으리니 이는 내 멍에는 쉽고(즐겁고) 내 짐은 가벼움이라"마 11:29-30 고 하셨다. 우리는 이 세상을 여행하는 순례자다. 그리고 알다시피, 순례자는 원대한 목적을 품고 있으나 가벼운 짐을 지고 여행하는 자다.

유진 피터슨은 위 말씀을 다음과 같이 해석했다. "나와 함께 걷고 나와 함께 일하여라. 내가 어떻게 하는지 잘 보아라. 자연스런 은혜의 리듬을 배워라. 나는 너희에게 무겁거나 맞지 않는 짐을 지우지 않는다. 나와 함께 있으면 자유롭고 가볍게 사는 법을 배울 것이다"(메시지 성경). 우리가 자신의 영광 안에 살 때 우리가 하는 일 역시 상황과 상관없이 '가볍고' '쉽게' 느껴질 것이다.

소명, 역할, 임무

당신의 소명은, 당신을 둘러싼 세상이 당신 삶의 영광을 경험하게 하는 것이다. 하나님의 형상으로 만들어진 창 1:27 모든 인간에게는 하나님의 부르심, 즉 소명이 있다. 제아무리 삶이 엉망일지라도, 노예처럼 살지라도, 모든 사람의 삶에는 영광이 주어졌다. 그렇기에 예수님은 우리 마음을 치유하고 갇혀 있던 우리를 해방시키어, 우리가 하나님의 영광을 나타내게 하기 위해 이 세상에 오셨다. 사 61:3-4

우리가 부모님, 배우자, 자녀, 친구들, 직장 동료를 어떻게 사랑하는지, 그리고 집이나 직장에서 어떻게 일하는지는 우리가 삶으로 세상에 영향을 주는 데 중요한 역할을 한다. 그러나 이것들은 역할일 뿐이지 소명이 아니다. 내가 남편인 이유는 결혼했기 때문이다. 내가 아버지인 이유는 아이들을 낳았기 때문이다. 내가 직원인 이유는 누군가를 위해 일하기로 선택했기 때문이다. 이들은 모두 나의 선택으로 말미암아 주어진 역할들이다.

종종 자신은 남편이나 아내로, 또는 아버지나 어머니로 부름 받았다고 말하는 사람들이 있다. 물론 자신에게 주어진 역할에 중요한 의미를 부여하고 진지하게 임하는 그들의 자세는 칭찬할 만하다. 하지만 역할과 소명은 다른 것이다. 대학에서 6년, 8년, 심지어 10년 동안이나 공부하는 어떤 학생은 자신이 삶에서 해야 한다고 믿는 일에 고학력이 필요하다고 생각하지만, 꼭 그렇지 않을 수도 있다. 자신이 누구이고 무슨 일을 해야 하는지 모르기 때문에 학생이란 역할 속에 숨어 있는 것일 수도 있다.

하나님은 우리에게 역할과 그에 따른 임무를 주신다. 그것은 우리의 영광, 탁월함, 풍성함이 필요한 개인이나 집단이나 장소에 가서 섬기거나, 적절한 곳에서 필요한 훈련을 받는 것이다. 따라서 우리는 우리의 역할에 따라 집에서 아이들을 키워야 할 수도 있고, 조직이나 회사에서 무급이나 유급으로 누군가를 위해 일할 수도 있다. 이런 임무는 우리가 역할과 소명을 완수하도록 주어지는 것이다. 하나님은 역할과 소명 두 가지를 동시에 요구하시면서 이 두 가지가 서로 갈등을 일으키는 상황을 주지 않으신다.

예를 들어 우리 삶의 영광이 필요한 기회가 있는데 우리의 역할에 손상을 입히거나, 돈은 많이 받지만 우리의 참모습은 필요 없는 일이라면, 잠시 멈추고 그것이 하나님이 주신 임무가 맞는지, 아니면 우리의 시선을 분산시키기 위한 음흉한 유혹의 기회는 아닌지 진지하게 고민해 보아야 한다.

삶이 소명, 역할, 임무로 구성된다는 사실을 알면 출세에 대한 압박감에 눌리거나 특정 업무나 경험 안에만 속박되는 것은 아닌가 하는 두려움에서 자유로워질 수 있다. 하나님이 인도하시는 대로 움직이는 가운데 삶이 변화하여, 그 삶의 영향력을 가는 곳마다 확신시키는 것이 바로 소명 안에 사는 삶이다.

피할 수 없는 당신의 삶 속의 영광

요셉은 위대한 이야기를 본 사람이었다. 어린 소년 요셉은 꿈에서 자신의 역할에 대한 환상을 보았다. 그리고 그 꿈의 의미나 시기를 모르는 상태에서 형들에게 그 내용을 이야기했다. 그리고 시기와 오해, 분노에 휩싸인 형들이 저지른 행동 때문에 나라를 다스리는 자라는 소명에서 멀어졌다. 적어도 겉으로 보기에는 그랬다.

그 후 요셉이 처음 맡은 역할은 왕의 신하이자 친위대장인 보디발의 종이었다. 보디발은 요셉에게서 하나님이 주신 영광을 보았다. "그의 주인이 여호와께서 그와 함께하심을 보며 또 여호와께서 그의 범사에 형통하게 하심을 보았더라."창 39:3 그래서 보디발은 요셉에게 자신의 모든 소유를 책임지는 역할, 즉 집안을 다스리는 자리를 맡겼다.

하지만 여러 사건이 벌어지고, 요셉은 누명을 쓰고 감옥에 갇힌다. 그러나 감옥의 간수장도 그에게서 영광을 보았으며, 그에게 옥중 죄수를 다 맡기고 제반 사무까지도 처리하게 했다.22절 요셉은 이번에는 감옥을 다스리게 되었다.

시간이 흐른 뒤에 왕은 요셉에게 앞으로 닥칠 기근에 대비하는 방법을 질문한다. 왕은 요셉 안의 영광을 인정하면서 그의 조언을 받아들이고, 그를 나라에서 두 번째로 높은 자리에 앉혔다. "하나님이 이 모든 것을 네게 보이셨으니 너와 같이 명철하고 지혜 있는 자가 없도다 너는 내 집을 다스리라 내 백성이 다 네 명령에 복종하리니 내가 너보다 높은 것은 내 왕좌뿐이니라." 창 41:39-40 요셉은 이제 한 나라를 다스리게 되었다.

요셉이 어릴 때 본 환상은 그의 삶의 영광뿐 아니라 그의 최종 목적지를 보여 주었다. 그의 소명(영광)은 지위나 직함, 장소가 아니라, 어떤 상황에 무엇이 필요한지를 알고 그것을 행하는 비범한 능력이었다. 이는 그로서는 할 수 없고 오직 하나님이 도우셔야만 가능한 일이었다. 요셉이 선택한 삶의 방식을 보니 사도 바울의 말이 기억난다. "내가 복음을 전할지라도 자랑할 것이 없음은 내가 부득불 할 일임이라 만일 복음을 전하지 아니하면 내게 화가 있을 것이로다." 고전 9:16

심장 질환을 진단하기 위해 심전도검사를 하듯이, 나는 내 삶을 돌아보면서 내 영혼의 심전도 검사를 해보았다. 그리고 나는 지금까지 본능적으로 내가 세 가지 요소를 추구하는 방향으로 움직여 왔음을 발견하게 되었다. 그것은 바로 명료성(이 모든 일은 무엇을 뜻하는가?), 초점(이 일에서 나의/다른 사람의 역할은 무엇인가?), 계획(이 일을 실행하기 위해 해야 할 일은 무엇인가?)이었다. 이 세 가지는 성공적인 체조선

수 생활을 하던 젊은 시절에 내가 가장 중요시했던 것들이다. 나는 각 경기에 사용하는 다양한 기구를 고려하여 필요한 요소들(기술, 힘, 균형, 정확도, 유연성)이 무엇이며 그것들을 어떻게 개발하는지를 이해하여, 각 요소를 일정한 순서에 넣어 안무로 완성했다. 이것이야말로 내가 가장 즐겁게 하던 일이었다. 이후 나는 체육관을 운영하면서 스포츠 팀 사역에 전념하게 되었다.

명료성, 초점, 계획이라는 세 가지 목표점은 이후 내가 비영리 단체들과 일하거나 직원들을 교육할 때, 그리고 지금까지 강연을 하고 집필하고 사역단체를 발전시키는 데에도 큰 보탬이 되었다. 이 세 가지는 교육이나 상황을 통해 배운 것이 아니다. 이는 IQ(지능지수)가 아니라 GQ(Glory quotient, 영광지수)의 문제다. 즉 우리의 영광이 우리의 진짜 재능인 것이다.

나는 평생 어떤 사람이나 상황을 만나든지 이 세 가지를 적용했다. 누군가를 만나거나 새로운 일을 맡게 되었을 때, 사람이나 상황을 내려놓고 위의 세 가지 목표를 좇았다.

아그네스 보야지우라는 여성이 있다. 평생 세계에서 가장 가난한 극빈자들을 위해 산 그녀는 선교회, 병원, 학교, 고아원, 청소년 쉼터, 보호소를 세웠다. 그녀야말로 대단한 기업가이자 진정한 비전가이며 추진력이 뛰어난 인도주의적 기회주의자가 아닐까? 아그네스는 자신의 소명이 무엇인지 일찍부터 알아서 그 소명을 위해 로레토 수녀회에 가입했고, 세계적인 선교단체의 창립자이자 회장이 되기 위해 종교

계의 사다리를 한 걸음씩 올라간 것일지도 모른다.

그러나 과연 그럴까? 아니다. 아그네스는 자기의 삶이 가진 아름다움과 풍성함에 충실했을 뿐이다. 그녀에게는 아무도 원하지 않고 아무도 사랑하지 않고 아무도 관심을 두지 않는 사람들을 향한 특별한 긍휼의 마음이 있었다. 바로 그 마음 때문에 그녀는 세계에서 가장 가난한 지역에 속하는 인도의 콜카타로 갔다. 수녀원 담장 안에서 밖을 내다보던 아그네스의 마음은 궁핍하게 살다가 생을 마감하는 사람들과 함께하는 삶에 강하게 이끌렸다.

아그네스는 사람들의 육신의 가난을 보고 긍휼을 느꼈지만, 그녀의 마음을 진짜 움직였던 것은 사람들의 영혼의 가난이었다. "가장 큰 가난은 아무도 자신을 원하지 않고, 아무도 사랑해 주지 않는다고 느끼는 것이다." 그녀는 죄책감이나 뻔히 보이는 필요와 의무감으로 일하지 않았다. 사람들을 감동시킬 만큼 대단한 재능이나 전략과 계획도 없었다. 사람들을 감동시킨 것은 바로 그녀의 영광이었다. "나는 짐승처럼 살아왔으나, 그녀 덕에 이제 천사처럼 죽어 간다"라고 고백하는 사람까지 있었다. 긍휼은 테레사 수녀의 전유물만이 아니다. 구원받고 삶이 변화된 사람들에게서 공통적으로 발견되는 성품이다. 하지만 아그네스의 긍휼은 그녀의 삶을 더욱 특별하고 의미 있게 해주었다.

이와 같이 우리 안에는 각자의 소명과 영광이 있다. 이는 학위, 지위, 직함 등과는 달리 우리 힘으로 얻을 수 있는 것이 아니다. 물론 계속 계발해야 할 것이지만, 이미 어떤 것인지 우리 삶에 기록되어 있는 것이다. 우리의 영광은 모든 상황에서 우리를 어떤 행동으로 이끈다. 그리고 우리는 참여하거나 회피하거나 무시하는 태도 중에서 선택한다. 우리의 마음이 보고 알고 인식하고 원하고 부담을 느끼는 것 모두 영광과 연결된다. 당신의 마음에는 이미 영광이 기록되어 있다. 그리고 당신은 반드시 당신 안의 그 영광을 발견하고 이해해야 한다.

예수님은 우리에게 "너희는 세상의 빛이라" 마 5:14 고 말씀하셨다. 그 빛을 가리거나 숨겨서는 안 된다. 빛을 발하라! 우리의 삶이 지닌 영광, 아름다움, 풍성함, 탁월함, 무게를 사람들이 보고 경험하게 하여, 그들이 하나님의 영광을 맛보게 하자. 다음 말씀을 기억하면 좋겠다.

> 우리가 다 수건을 벗은 얼굴로 거울을 보는 것같이 주의 영광을 보매 그와 같은 형상으로 변화하여 영광에서 영광에 이르니 곧 주의 영으로 말미암음이니라 고후 3:18

인생의 목적을 선명한 눈으로 바라보라.
하나님의 피조물로서의 당신의 목적과 운명을 잊지 말라.
하나님이 보시는 당신이 바로 당신의 참모습이다.
그 이상도 그 이하도 아니다.
세상의 근심과 불안, 직장의 압력이
당신 안에 있는 거룩한 생명을 가리게 하지 말며

> 인간을 온전함으로 인도하는 위대한 임무를 수행하시는
> 하나님의 성령의 음성을 가로막게 하지 말라.
> 하나님께, 그리고 그분이 당신의 마음 깊이 새겨놓으신 계획에
> 자신을 온전히 열면
> 하나님도 당신에게 그분 자신을 여실 것이다.²
>
> **아시시의 성 프란체스코**

우리의 삶에는 탁월함과 광대함이 존재한다. 하나님은 우리를 영화와 존귀로 관을 씌우셨으며, 하나님보다 조금 못하게 하셨다.^{시 8:4-5} 영광이란 영화, 아름다움, 풍성함, 탁월함, 무게를 의미하며, 재능이나 기술과는 차원이 다른 것이다. 예수님이 오신 이유는 사람이 탁월한 재능을 발휘하게 하기 위함이 아니었다. 예수님께 맡겨진 사명은 '하나님의 영광을 나타낼 자'라는 우리의 본래 목적을 회복시키는 것^{사 61:3}이었다.

우리의 소명은, 세상이 우리 안에 풍성히 거하는 영광을 경험하게 하는 것이다. 직장과 지위는 우리의 영광이 필요한 사람들이나 장소로 가는 통로이지 우리의 소명은 아니다. 세상이 우리 삶의 영향력을 경험할 때, 우리는 진정한 소명 안에 걸어간다.

PART 5

영광을 발견하는 길

숨겨진 무언가를 곧 찾게 되고
전설 속의 인물이 곧 발견될 것이며
특별한 일이 일어날 것이다.

-영화 〈파인딩 포레스터〉 예고편 中-

반가운 소식이 하나 있다. 우리의 삶에는 이미 빛나는 영광과 무게감이 존재하며, 하나님의 위대한 이야기 속에서 우리가 해야 할 역할이 있다는 사실이다. 그리고 그분의 이야기 안에서 우리가 맡은 역할은 지금 우리가 생각하는 것보다 훨씬 중요하다. 하지만 안타까운 소식도 한 가지 있다. 그러기 위해 우리는 영광에서 영광에 이르는 여행을 떠나야 한다는 사실이다.고후 3:18 성경과 세계사를 비롯한 수많은 이야기들 역시 이 여행에 관해 이야기한다.

꿈과 그 실현 사이

요셉을 보자. 열일곱 살 때 꿈을 꾸고 나서부터 서른 살 때 바로가 통치하는 애굽을 관리하며 수많은 사람을 기근에서 구하게 될 때까지, 그에게는 13년의 고된 시절이 있었다. 승진도 했지만, 고난과 유혹, 배반, 심지어 가족과 동료와 주인의 근거 없는 비난도 겪었다. 시편 기자는 요셉의 삶을 이렇게 정리한다.

> 그가 또 그 땅에 기근이 들게 하사
> 그들이 의지하고 있는 양식을 다 끊으셨도다
> 그가 한 사람을 앞서 보내셨음이여 요셉이 종으로 팔렸도다
> 그의 발은 차꼬를 차고 그의 몸은 쇠사슬에 매였으니
> 곧 여호와의 말씀이 응할 때까지라
> 그의 말씀이 그를 단련하였도다
> 왕이 사람을 보내어 그를 석방함이여
> 뭇 백성의 통치자가 그를 자유롭게 하였도다
> 그를 그의 집의 주관자로 삼아 그의 모든 소유를 관리하게 하고
> 그의 뜻대로 모든 신하를 다스리며
> 그의 지혜로 장로들을 교훈하게 하였도다 시 105:16-22

다니엘은 어떤가? 인질로 붙잡혀 이방 신을 믿는 왕을 섬기던 청년 시절부터 모든 백성이 다니엘의 하나님을 경외하라는 왕의 명령이 내려진 팔십대가 될 때까지 그는 60년 동안 억압, 차별, 암살 미수, 고된 훈련 등을 감내해야 했다.[1] 다니엘서에서 두 곳을 보자.

> 하나님이 이 네 소년에게 학문을 주시고 모든 서적을 깨닫게 하시고 지혜를 주셨으니 다니엘은 또 모든 환상과 꿈을 깨달아 알더라 단 1:17

> 왕이 대답하여 다니엘에게 이르되 너희 하나님은 참으로 모든 신들의 신

이시요 모든 왕의 주재시로다 네가 능히 이 은밀한 것을 나타내었으니 네 하나님은 또 은밀한 것을 나타내시는 이시로다 왕이 이에 다니엘을 높여 귀한 선물을 많이 주며 그를 세워 바벨론 온 지방을 다스리게 하며 또 바벨론 모든 지혜자의 어른을 삼았으며 단 2:47-48

에스더 역시 마찬가지다. 에스더는 왕후로 간택된 때로부터 동족을 대량 학살에서 구하기까지 길고 긴 준비 기간을 거쳤고, 도덕적 딜레마와 생명의 위협을 겪었다. 기록된 말씀을 보자.

왕이 모든 여자보다 에스더를 더 사랑하므로 그가 모든 처녀보다 왕 앞에 더 은총을 얻은지라 왕이 그의 머리에 관을 씌우고 와스디를 대신하여 왕후로 삼은 후에 에 2:17

에스더의 사촌 모르드개는 그녀에게 "네가 왕후의 자리를 얻은 것이 이때를 위함이 아닌지 누가 알겠느냐"에 4:14 라고 말했다. 그리고 에스더의 수완과 용기 덕분에 "유대인은 영광과 즐거움과 기쁨과 존귀함"에 8:16 을 얻게 되었다.

성경에서 자기 삶의 영광, 아름다움, 힘과 무게를 잘 감당해 낸 사람들은 많지 않다. 성경은 오히려 그 영광의 능력 때문에 파멸한 사람들에 관해 많이 이야기한다. 다음 말씀과 같이, 하나님은 하나님 나라와 삶의 능력을 함부로 사용하지 않는 믿을 만한 사람들을 찾으신다.

> 여호와의 눈은 온 땅을 두루 감찰하사 전심으로 자기에게 향하는 자들을 위하여 능력을 베푸시나니 이 일은 왕이 망령되이 행하였은즉 이 후부터는 왕에게 전쟁이 있으리이다 대하 16:9

아직 어리고 훈련되지 않은 사람은 자신이 속한 서사시와 같은 위대한 이야기 속에서 자기 삶이 소유한 진정한 능력과 역할을 제대로 감당하지 못한다. 리처드 포스터는 말한다. "인간관계를 파괴하는 권력의 능력이 인류 역사에서 끊임없이 발견된다.…그 권력 뒤에는 교만이라는 마귀가 역사하고 있다. 교만은 사람들을 지배하려는 데 반해, 참된 능력은 사람들을 자유롭게 해방시키려 한다."[2]

재능과 실력이 뛰어난 사람들이 다른 사람들을 은근히 억압하고 무시하는 경우가 얼마나 많은가. 처음에 그들의 지식과 실력에 감동하던 사람들은 그들에 의해 점점 뒤로 밀려나다가, 자신의 삶과 역할은 아무런 의미가 없다는 자괴감에 빠지게 된다. 그래서 재능이 많은 사람은 추종자는 많을지라도 진정한 친구는 없다. 그의 궁극적인 삶의 열매는 달콤하지만은 않다. 그러나 성숙한 신자의 증표는 성령의 은사 롬 12장, 고전 12장 참고가 아니라 성령의 열매다. 그에게 사랑, 희락, 화평, 오래 참음, 자비, 양선, 충성, 온유, 절제가 있느냐가 중요하다. 갈 5:22-23

헨리에타 미어스 여사는 20세기의 위대한 기독교 지도자들에게 영감을 주고 교육과 훈련을 담당한 훌륭한 교육자다. 국제대학생선교회(CCC)의 설립자 빌 브라이트와 미 상원 원목으로 섬긴 리처드 핼버슨

이 모두 그녀에게 가르침 받은 학생이다. 미어스 여사가 시작한 가스펠라이트 출판사(Gospel Light Press)는 초기 기독교 출판사 중 하나로 전 세계 사람들에게 큰 영향을 끼쳤다. 또한 그녀는 캘리포니아에 포레스트홈(Forest Home)이라는 수양관을 설립하여 많은 사람에게 인생의 전환점을 제공했다.

미어스 여사가 열일곱 살 때 주님이 원하시는 대로 쓰임 받기로 서원한 때부터 그 모든 업적을 이루기까지 그녀에게도 역경의 세월이 있었다. 제2차 세계대전을 겪었으며, 시골의 공립학교에서 아이들을 가르치느라 쩔쩔매는 시절을 보냈다. 시력은 너무 나빠 앞이 거의 보이지 않을 지경이었는 데다 근육류머티즘을 앓았고, 평생을 외롭게 독신으로 살았다.[3]

J.R.R. 톨킨의 《반지의 제왕》(황금가지 역간) 같은 훌륭한 소설에도 비슷한 상황이 등장한다. 주인공 샘과 프로도는 중간계를 구하는 사명을 완수하기 위해 꾸준하게 길을 가면서 분별력과 용기, 재능, 결단력을 계발할 수 있었다. 떠돌이 순찰자였던 아라곤 또한 여행 중에 성숙하여, 결국은 중간계 전체를 통치하는 자리에 오른다.

영화 〈마스크 오브 조로〉의 어리고 혈기 왕성한 조로의 후계자 역시 많은 사람의 목숨을 구할 인물로 성장하기까지 시간이 필요했다. 그는 자기 분노를 조절하고 적의 행동을 분간하며 검술을 연마하고 한 여인을 사랑하는 법을 배워 나간다. 그런 뒤에야 비로소 주어진 역할을 충실히 수행하게 된다. 이 영화 대사 중에 유명한 부분이 있다.

조로는 후계자에게 "자네가 준비가 되면 우리 둘이서 운명을 시험해 볼 거라네" 하고 말한다. 그리고 그가 빼든 검을 보며 "칼을 어떻게 사용하는지 아는기?"리고 묻는다. 그러자 젊은이가 대답한다. "뾰족한 끝으로 상대를 찌르면 되는 거 아닌가요?" 이에 조로는 혼잣말을 내뱉는다. "생각보다 할 일이 많겠군."

원래 그런 법이다. 하나님이 주신 영광은 깨닫거나 다루기가 쉽지 않다. 어둠의 나라와 빛의 나라 사이에 벌어지는 전쟁 속에 사는 일은 결코 우리가 가진 것으로 최선을 다한다거나 뾰족한 끝으로 상태를 찌르면 되지 않느냐는 말처럼 간단하지 않다. 우리는 자신의 검, 즉 영광을 언제 어떻게 사용할지를 아는 사람이 되어야 한다.

C. S. 루이스의 말이다. "탁월함은 경험과 훈련 없이 생기지 않는다. 따라서 어린 나이에 탁월하기란 어려운 일이다."[4] 삶의 무게를 잘 관리하려면 반드시 훈련이 필요하다. 그렇다고 위대한 이야기 속에서 젊은 시절이 무의미하다는 말은 아니다. 젊은 시기는 다양한 경험과 관계를 통해 하나님께 훈련받는 초청과 허용의 시간이다. 선배 조로는 하루빨리 적과 싸워서 자신의 운명을 성취하고 싶어 하는 풋내기에게 이렇게 말한다. "자네가 용감하게 싸워 봤자 금방 죽을 게 분명하다." 많은 청년이 주위의 시선, 자신의 능력과 의욕만 믿고 섣불리 뛰어들었다가 실패한다. 그 결과 그들 안에는 주저함, 회의감, 두려움, 수치심만이 남는다.

출애굽기 23장 29-30절에서 하나님은 모세에게 백성을 예비된 곳으로 인도하겠다고 말씀하신다. 그렇다고 하나님이 직접 모든 적과 들 짐승과 장애물과 거주자들을 쓸어 버리시는 것은 아니다. "네가 번성하여 그 땅을 기업으로 얻을 때까지 내가 그들을 네 앞에서 조금씩 쫓아내리라."30절 우리에게 주어진 삶과 영광을 온전히 소유할 만큼 성장하려면 여행길에 올라야만 한다. 물론 성품 계발과 영적 전투력 향상도 중요하다. 그러나 사람들이 자주 간과하는 중요한 사실이 하나 있는데, 그것은 바로 소명을 향해 나아갈 때는 지속적으로 싸워야 한다는 것이다. 조금씩 성장하고고후 3:18, 출 23:30 참고 능력을 얻는대하 16:9 참고 과정은, 하나님의 꾸지람, 포기, 시간 낭비, 방황이 아니라 오히려 그 반대. 우리의 삶과 역할의 의미와 무게를 보여 주는 시간이다.

성장의 여정이 있듯 발견의 여정도 있다. 하나님의 위대한 이야기에서 우리의 삶과 역할이 가진 영광을 더욱 잘 이해하는 시간이다.

의인의 길은 돋는 햇살 같아서 크게 빛나 한낮의 광명에 이르거니와 잠 4:18

삶의 비밀이라는 암호를 해독하라

우리는 보통 십대 후반이나 이십대 초반 무렵부터 인생의 방향과 목적을 찾기 시작한다. 주위에서 이런 질문을 많이 받았을 것이다. "앞으로 뭘 할 거니?" "어떻게 벌어먹고 살 거야?" 물론 부적절한 질문은 아니지만, 그 시기에 도움이 되는 질문도 아니다. 내가 이십대 초반에 확신할 수 있었던 것은 체조를 좋아한다는 사실 하나뿐이었다. 고등학교와 대학교 시절 내내 체조선수 생활을 했고, 체조를 그만두고 싶지 않았다. 나의 꿈은 장차 미국 전역에 체육관을 여는 것이었다.

그런데 대학 졸업을 한 달 앞두었을 무렵 CCC의 스포츠선교부(AIA, Athletes in Action) 책임자에게서 전화를 한 통 받았다. 그는 나에게 졸업 후 계획을 묻더니, 혹시 체조 사역에 동참하면 어떨지 물었다. 그것은 내가 계획했던 방향이 아니었다. 그래서 나는 전국에 체육관을 세움으로써 학생들에게 복음을 전하는 일에 부름 받았음을 말하고, 이를 통해 지상명령을 완수하고 싶다는 포부를 밝혔다. 사실 백 퍼센트 진심은 아니었지만, 나는 그가 받아들일 수밖에 없는 말만 골라서 대답했다. 그러자 그는 몇 초 동안 조용히 있더니, 나를 위해 기도해 줘도 될지 물었다. 그러고는 이렇게 기도했다. "하나님 아버지, 게리가 하나님의 뜻 안에 있지 않다면 그를 비참하게 만들어 주십시오."

나는 이 기도 한 마디에 곧바로 기가 죽고 말았다. 정직하지 못했던 내 말을 생각하니, 배설물이나 거름에서 풍기는 것 같은 역겨운 냄새가 내 안에서 나는 듯했다. 비참했다. "기도해 주셔서 감사합니다"(거짓말이었다)와 "안녕히 계세요"(적어도 이 말은 솔직한 말이었다) 밖에는 달리 할 말이 없었다. 그런데 전화를 끊고 나서 절박한 심정으로 기도하는 가운데 결국 하나님께 스포츠선교부에 동참하겠다고 고백하자, 비참한 기분이 사라지고 기대감이 생겼다.

이 일을 죄책감과 수치심을 사용하여 선교사로 서원하게 만들려는 선교단체의 수작이라고 생각하기 전에, 내 말을 계속 들어 보라.

AIA 사역을 시작한 지 1년이 지났을 때, 놀라운 일이 벌어졌다. 지도부에서 놀라운 사실을 제안해 온 것이다. 그것은 학생들에게 복음을 전함으로써 '지상명령을 성취하기 위해' 체육관을 시작해 보자는 것이었다. 맨 처음 사역 제의를 전화를 받았을 때 지상명령과 복음에 관한 나의 소망을 말하기는 했지만, 사실 그동안 이것을 잊고 있었다.

그 후 6년 동안 나는 내 꿈을 마음껏 펼칠 수 있었다. 그러나 시간이 흐르자 나는 내 마음의 깊은 갈망이 다른 데 있었음을 깨달았다. 사역 때문에 지쳐서 그런 것은 아니었다. 그저 내 마음이 더 깊은 갈망을 향해 움직이고 있을 따름이었다. 그렇다면 지난 6년의 시간은 빙 돌아가는 낭비된 시간이었을까? 당시엔 알 수 없었기에 나는 하나님께 질문했다. "저에게 왜 체조를 시키셨습니까?"

그리고 그때 하나님이 주신 깨달음은 지금까지도 내 삶의 지침이 되고 있다. 하나님은 체조가 내 삶의 영광이자 내 삶의 무게였다고 하셨다. 체조는 하나님의 이야기 안에서 내가 있어야 했던 자리였다. 하나님은 이렇게 질문하셨다. "지금까지 체조를 하면서 무엇이 가장 즐거웠느냐?" 심장이 뛰기 시작했다. "체조 경기의 완성도를 높이기 위해 연구하고, 힘과 유연성, 균형, 위험, 정확도 같은 요소들을 결합하여 심사위원과 관중들에게 감동을 주는 게 좋았어요."

하나님이 다시 질문하셨다. "체육관 운영은 어땠니?" 놀랍게도 내 마음은 방금 전과 동일했다. 나는 발견하고 계획하고 개발하고 목적을 달성하는 것이 좋았다. 체조 자체는 내 마음의 깊은 갈망이 아니었다. 하지만 체조를 하는 동안 그 뒤에 숨은 나의 신짜 갈망을 발견할 수 있었다. 우리 삶의 영광과 영향력은 우리의 갈망을 통해 드러난다. 하나님은 체조라는 도구를 사용하여 내 갈망을 일깨우고 성숙시키셨다.

대학을 졸업한 후 내 힘으로 살려고 노력하던 시기에 누군가 내게 삶의 방향이 무엇인지 물어봤다면, 나는 "저는 체조를 사랑하고, AIA로 부름 받았답니다"라고 대답했을 것이다. 그러나 시간이 조금 더 흐른 뒤의 대답은 조금 다를 것이다. "저는 사람들과 조직을 개발하는 것을 좋아하고, AIA로 부름 받았습니다"라고 말했을 것이다. 다행히 갈망과 직업이 조화를 이룬 덕분에 나는 직업 가운데 기쁨과 성공을 경험했다. 내 갈망과 사역이 서로 연관된 것이었기에, 당시 나는 소명을 직업이나 지위와 직결된 것으로 생각했다.

그러나 내 갈망이 변화되면서, 즉 더 깊어지면서 조금씩 일에서 마음이 멀어지자 나는 어떻게 해야 할지 당황스러웠다. 나는 믿을 만한 친구인 테리에게 전화를 걸어 조언을 구했다. 그러자 그는 내게 세 가지를 질문했다.

"지금 네게 스포츠가 얼마나 중요해?"

"그다지."

"복음전도는 얼마나 중요해?"

"별로."

스포츠 전도사역의 책임자가 이렇게 말하다니, 나 스스로도 당혹스러웠다. 그러나 때로는 혼란 속에서 확신을 얻게 된다. 친구가 마지막으로 질문했다. "최근에 AIA 사역을 하면서 가장 좋았던 일이 뭐야?"
"직원들이 적절한 곳에서 일하도록 도와준 일이 좋아."

그리고 친구는 이렇게 정리해 주었다. "내 생각엔 자네가 AIA를 떠날 때가 된 것 같아." 친구의 충고 덕분에 나는 익숙한 자리와 위치를 떠나서, 내가 받은 영광을 찾아 다음 임무를 향해 떠날 수 있었다.

세상에는 오직 당신에게만 특별한 의미가 있으며 당신의 영광을 기다리는 곳이 있다. 그곳이 어디인지는 갈망이라는 형태로 우리 마음에 기록되어 있지만, 판독을 해야 읽어 낼 수 있다.

우리는 자신의 소명을 온전히 성취하기까지 성장과 훈련, 발견과 발전의 과정을 거쳐야 한다. 성숙한 성품으로써 단련되고 보호받고 강해지지 않은 사람에게는, 자신의 삶에 있는 영광이 오히려 해가 될 뿐이다. 인생의 여행을 떠나기 주저하는 사람은 삶의 참된 무게와 상관없는 일을 이것저것 시도만 하다가 인생이 끝나 버린다. 그리고 이렇게 삶의 경주를 영광스럽지 못하게 마친 사람에게 남는 것은 수치심뿐이다.

PART 6

소명을 위한 전투

그리스도인들은 말씀과 전통을 통해
영적인 차원이야말로 진짜 현실이라는 가르침을 배워 왔다.
물론 인간적 노력도 그 현실의 일부이긴 하지만
영적 차원에 딸린 부수적인 겉껍질과 같은 것이다.
그러나 우리가 이렇게 이야기함에도,
사실 수많은 그리스도인이 현실적으로는 무신론자로 전락했다.

-조지 오티스 주니어-

오랫동안 우리 가족은 우리가 범죄 없는 안전한 동네에 살고 있다고 믿었다. 물론 누군가가 집 앞에 화장지를 잔뜩 풀어 놓거나 달걀을 던지거나 폭죽을 마구 터뜨리는 등의 장난들은 있었지만, 절도, 폭행, 강간, 살인 같은 진짜 범죄는 없었다. 그래서 우리는 주변에 강도나 악당 등 악한 사람이 전혀 없는 것처럼 살았다. 심지어는 현관문을 잠그지 않고 외출하거나 자동차 열쇠를 깜빡 잊고 꽂아 놓기도 했다. 그러나 어느 토요일 저녁 이후 모든 게 달라졌다. 나는 차고에 차를 주차한 뒤 평소처럼 열쇠를 꽂아 둔 채로 집에 들어갔다. 그런데 몇 분 후 친구가 크게 소리쳤다. 우리 차가 없어졌다는 것이었다. 나는 친구가 뭔가 착각했거나 농담을 하는 것이리라 생각하며 차고로 가 보았다. 하지만 사실이었다. 차는 이미 사라지고 없었다. 차고에서 불과 6m도 안 되는 거리의 집 안에 앉아 있는 동안, 누군가가 차고로 침입해서 차를 훔쳐간 것이었다. 도저히 믿기지가 않았다.

    그 뒤로 우리 가족의 삶은 달라졌다. 언제 도둑이 들지 모른다고 생각하게 된 것이다. 그러나 우리 삶의 영광은 그 어떤 값진 물건보다도 귀하다. 또한 우리 삶에 역사하는 대적 마귀는 그 어떤 험악한 강도보다도 강한 존재다.

    아내와 나는 두려움에 떨며 살기보다는, 우리의 소유를 빼앗으려고 하는 도둑들이 존재함을 확실히 인지하면서 경각심을 가지고 사는 지혜를 택했다. 이제 더는 순진하게 살지 않고, 두 눈을 크게 뜨고 현실을 자각하며 살기로 한 것이다.

하늘나라의 비밀들

> 예수께서 비유로 여러 가지를 그들에게 말씀하여 이르시되 씨를 뿌리는 자가 뿌리러 나가서 뿌릴 새 더러는 길가에 떨어지매 새들이 와서 먹어 버렸고 더러는 흙이 얕은 돌밭에 떨어지매 흙이 깊지 아니하므로 곧 싹이 나오나 해가 돋은 후에 타서 뿌리가 없으므로 말랐고 더러는 가시떨기 위에 떨어지매 어떤 것은 백 배, 어떤 것은 육십 배, 어떤 것은 삼십 배의 결실을 하였느니라 귀 있는 자는 들으라 하시니라 마 13:3-9

    이 말씀을 들은 제자들이 예수님께 말씀의 의미를 질문하자 예수님이 설명하신다.

    아무나 천국 말씀을 듣고 깨닫지 못할 때는 악한 자가 와서 그 마음에 뿌려진 것을 빼앗나니 이는 곧 길가에 뿌려진 자요 돌밭에 뿌려졌다는 것은 말씀을 듣고 즉시 기쁨으로 받되 그 속에 뿌리가 없어 잠시 견디다가 말씀으로 말미암아 환난(압력)이나 박해(괴롭힘, 장애물)가 일어날 때에는 곧 넘어지는 자요 가시떨기에 뿌려졌다는 것은 말씀을 들으나 세상의 염려와 재물의 유혹에 말씀이 막혀 결실하지 못하는 자요 마 13:19-22

좋은 땅에 있다는 것은 착하고 좋은 마음으로 말씀을 듣고 지키어 인내로 결실하는 자니라 눅 8:15

위의 비유를 통해 예수님은 제자들이 살고 있는 현실이 어떠한지를 설명하셨다. 이 비유는 많은 결실을 맺는 사람의 이야기로 끝을 맺는다. 그는 착하고 좋은 마음으로 말씀을 듣고 지키며, 또한 인내하는 사람이다. 무엇을 인내하는 것일까? 말씀을 지키고 좋은 마음을 간직하는 것은 무슨 관계일까?

예수님이 비유를 통해 하신 말씀의 핵심은, 영광 안에서 그리고 하나님의 위대한 이야기 안에서 우리에게 예정하신 자리를 찾으면서 사는 삶에는 이를 공격하는 반대 세력이 있다는 것이다. 삶에는 어려운 일이 가득하다거나, 선한 일에는 수고가 필요하다는 단순한 말이 아니다. 우리의 대적인 마귀가 존재하는 것이다.

풍성한 결실을 맺으며 당당하고 역동적으로 사는 인생길 위에는 반대 세력이 득실댄다. 그들은 빼앗고 넘어뜨리고 가로막는다. 그래서 우리는 두 눈을 크게 떠야 한다. 우리가 쓰러지기를 원하는 적이 전략적으로 맹렬한 공격을 퍼붓기 때문에, 우리에게는 인내가 필요하다.

하나님은 우리의 삶에 대해 수많은 것을 계시해 주신다. 그러나 우리는 그것들을 제대로 깨닫기도 전에 잊어버린다. 우리가 건망증이 심해서 그런 것일까? 아니면 너무 바빠서 그런 것일까? 어떻게 우리에게 그토록 중요한 일을 잊어버릴 수가 있을까?

인생의 중요한 전환점이 될 만한 시점에는 왜 꼭 환난과 박해가 심해지는지 궁금했던 적은 없는가? 그저 우연히 역경이 겹쳤을 뿐일까? 오랜 세월을 통해 경험과 훈련, 탐색과 이해를 얻은 사람이라도, 중년 어느 시점에 문득 근심과 욕망에 압도된 나머지 갑자기 정신이 마비된 듯 느끼거나 뒤처졌다고 느끼기도 하고, 숨이 막히는 것 같다고도 토로한다. 이렇게 우리는 왜 어느 시점이 되면 물질주의와 세속적 사고에 물들어 버리고, 신경질적인 사람이 되어 버리는 걸까?

간헐적으로 전투를 하는 데에는 딱히 인내가 필요하지 않지만, 계속되는 공격에 맞서려면 인내가 필요하다.

예수님은 "천국의 비밀을 아는 것이 너희에게는 허락되었으나 그들에게는 아니되었나니"마 13:11 라는 말로 설명을 시작하신다. 달리 말하면 "너희에게는, 실제로 무슨 일이 어떻게 일어나는지 알려 주겠다"는 뜻이다. 갑자기 자세를 고치고 귀를 쫑긋 세우게 되지 않는가?

예수님이 비유로 말씀하신 각각의 삶 안에는 세 가지 공통 요소가 있다. 말씀(진리), 마음(땅), 그리고 공격이다. 이 세 가지는 우리 삶에 실제로 무슨 일이 일어나고 있는지 알려 준다.

- 하나님은 언제나 자기 백성의 마음 밭에 씨를 뿌리시고 그들을 키우고 가르치고 조언하며 말씀하신다. "내가 네 갈 길을 가르쳐 보이고 너를 주목하여 훈계하리로다." 시 32:8
- 핵심은 마음이다. 마음은 생명의 근원이며 잠 4:23 말씀이 뿌리내리는 곳이고 시 119:11 하나님이 거하시는 곳이자 엡 3:17 사탄이 공격하는 대상이다.
- 대적은 집요하다. "도둑이 오는 것은 도둑질하고 죽이고 멸망시키려는 것뿐이요." 요 10:10

첫 번째 전투

모든 사람이 처음 대면하는 전투는 삶을 위한 전투다. 삶에는 육의 삶, 영의 삶, 혼의 삶이 있다. "그중에 이 세상의 신이 믿지 아니하는 자들의 마음을 혼미하게 하여 그리스도의 영광의 복음의 광채가 비치지 못하게 함이니 그리스도는 하나님의 형상이니라." 고후 4:4 적은 우리가 그리스도 안에서의 참된 삶을 발견하지 못하도록 작전을 펼친다.

나는 태어나서 18년 동안 하나님을 모른 채 살아왔다. 하나님에 대해 부모님께 들어 본 적도 없었고, 온 가족이 함께 교회에 간 적도 없었다. 어쩌다가 부활절이나 성탄절에 누나를 따라 교회에 가면 사람들이 우리에게 노래를 불러 주었고, 어떤 어른이 앞에서 연설을 하고, 바구니가 전달되면 사람들이 돈을 넣었다. 나는 입구에서 입장권을 사지 않고 들어왔기 때문에 돈을 내는구나 생각했다. 이후 부모님이 4주 동안 주일 아침마다 나를 교회에 데려다 주셨다. 세례를 받기 전에 꼭 참여해야 하는 교육 때문이었다. 그러나 시간이 갈수록 나는 이 기독교라는 종교가 혼란스럽게 느껴졌다. 하나님의 독생자, 보혈, 죄, 속죄, 십자가, 천국, 지옥, 의로움, 부활 같은 말을 들으면 전혀 이해가 되지 않았다. 드디어 세례를 받는 날, 나는 목사님이 뿌리는 물을 맞으면 이 지루한 공부를 그만해도 된다는 생각에 가만히 있었고, 당연한 일이지만 그 후로는 교회에 다시 가지 않았다. 기독교는 나와 전혀 상관없는 종교였다. 나는 진리에 눈이 먼 상태였다.

그런데 대학교 신입생이던 1973년의 어느 날, 친구 집에서 텔레비전을 보는데 갑자기 욤 키푸르 전쟁에 대한 소련의 개입 가능성 때문에 미군이 경계 태세에 돌입했다는 헨리 키신저 국무장관의 발표가 나왔다. 나는 가까스로 베트남 전쟁 징병을 피한 상태였다. 따라서 미국이 다시 전쟁에 뛰어든다면 징병을 피할 수 없을 터였다. 딱히 입대에 반대하는 입장은 아니었지만 걱정이 될 수밖에 없었다. 이 전쟁이 세계대전으로 확산될 수도 있다는 가능성에서 온 염려, 그리고 징병된다면 내 삶이 완전히 달라질 게 분명하다는 두려움이 밀려왔다.

하지만 몇몇 그리스도인 친구들은 오히려 흥분하며 기뻐했다. '마지막 때'가 어쩌고 예수님의 재림과 천국이 어쩌고 흥분하며 이야기했다. 나는 그들을 존중했지만, 무슨 말인지 이해는 되지 않았다. 한편으로는 그들이 말하는 소망과 신뢰란 것이 무엇인지 궁금했다. 그러던 어느 날 그 친구들이 함께 살던 집에 갔다가, 벽에 붙어 있던 바브라 스트라이샌드(1970-80년대 미국의 매우 유명한 영화배우이자 가수 – 편집자 주)의 포스터에 "사영리를 아십니까?"라고 적힌 말풍선이 하나 그려져 있는 것을 보았다. 나는 포스터에 붙어 있던 소책자를 하나 집어 들어서 읽기 시작했는데, 마지막 부분에 이런 기도문이 있었다.

> 주 예수님, 나는 주님을 믿고 싶습니다. 십자가에서 죽으심으로 내 죄 값을 담당하시니 감사합니다. 지금 나는 내 마음의 문을 열고 예수님을 나의 구주, 나의 하나님으로 영접합니다. 나의 죄를 용서하시고 영생을 주심을 감사합니다. 나를 다스려 주시고, 나를 주님이 원하시는 사람으로 만들어 주옵소서. 예수님의 이름으로 기도합니다. 아멘.[1]

기도문 다음에는 이렇게 쓰여 있었다.

> 이 기도가 당신의 마음에 드십니까? 그렇다면 바로 지금 이 기도를 드리십시오. 그러면 예수 그리스도는 그가 약속하신 대로 당신 안에 들어오실 것입니다.

나는 그 자리에서 적힌 대로 따라했다. 그리고, 모든 것이 갑자기 깨달아졌다. 난생처음 눈이 열려서 '그리스도 영광의 복음의 광채'를 보게 되었다. 나는 첫 번째 전투에서 승리하고, 생명을 얻은 것이다.

두 번째 전투

이와 같이 만약 사탄이 하나님 나라의 씨앗이라는 새 생명이 우리 마음에 뿌려지는 것을 막지 못했다면, 사탄은 이제 이 씨앗이 본래 의도된 모양, 즉 "의의 나무 곧 여호와께서 심으신 그 영광을 나타낼 자"사 61:3 로 자라는 것을 막고, "더러는 좋은 땅에 떨어지매 나서 백 배의 결실을 하였느니라"눅 8:8 는 말씀과 같은 많은 결실을 맺지 못하도록 방해할 것이다. 이제 우리가 전투가 있다는 사실을 알게 되었고, 따라서 싸움은 더욱 거세질 것이다.

　내 삶이나 사람들의 삶, 성경을 통해 볼 때, 원수의 공격에는 일정한 패턴이 있다. 사탄은 '거리 두기', '축소하기', '무시하기', '자격이 없다고 느끼기'라는 네 가지 무기를 사용하여, 우리에게 자신은 하나님 나라에서 쓸모없는 존재라는 생각을 심는다.

　먼저 대적은 고통이나 상처를 사용하여, 우리가 마음의 갈망으로부터 거리를 두고 멀어지게 만든다. 만약 고통이나 상처가 오래 유지되지 않는다면, 우리 삶의 영광을 축소시켜서 영광을 나타내지 못하게 한다. 이 축소 공격도 소용이 없으면, 수치심을 사용하여 우리가 자신의 영광을 무시하게 만든다. 이마저도 뜻대로 되지 않으면, 마지막으로 '너는 자격이 없다'는 말로 정죄하며 공격한다. 결코 쉬운 싸움은 아니다. 하지만 원수의 전략을 잘 이해하고 곧바로 알아차린다면 지혜롭게 반격할 수 있다.

거리 두기

사람들과 대화를 해보면, 종종 자신의 삶에는 딱히 좋은 일도, 열정과 갈망을 불러일으키는 일도 없다고 말하는 사람들이 있다. 그들은 무엇에도 마음이 움직이지 않는다고 말한다. 그러나 이는 절대로 사실이 아니다.

영화감독이자 프로듀서이며 작가인 존 부어맨의 말이다. "열정이란 무엇인가? 그것은 한 인간의 존재다.…열정이 강렬할수록, 그리고 열정이 더 많이 표출될수록, 열정 없는 삶을 견딜 수 없게 된다. 열정을 죽이거나 무시한다면 그 사람도 부분적으로 죽거나 머지않아 완전히 죽을 가능성이 크다."[2]

우리는 애초부터 목적과 열정을 소유한 존재로 창조되었다. 성경은 "너희 안에서 행하시는 이는 하나님이시니 자기의 기쁘신 뜻을 위하여 너희에게 소원을 두고 행하게 하시나니" 빌 2:13 라고 말한다. 하나님은 우리가 누구이고 무엇을 하도록 창조되었는지를 정의해 주는 특정한 갈망들을 우리 마음에 넣어 두셨다. 그 갈망들은 우리 존재의 핵심이며, 지속적이고 결코 지워질 수 없는 것이다.

그런데 이런 깊은 갈망을 찾기가 왜 그리 어려울까? 문제는 스스로 거리를 두는 것이다. 우리 안에 불안과 불신을 일으켜, 우리가 참된 갈망과 거리를 두도록 방해하는 공격이 있다. 사람들의 삶을 관찰해 보면 깊은 갈망과 함께 그 갈망에 대한 공격 또한 보인다. 갈망이란 쓸모없고 어리석고 위험한 것이라고 비난하는 말과 행동들이 있다.

물론 우리에게 상처를 주는 말과 행동 중 일부는 우리의 오해와 판단착오, 잘못된 해석에서 비롯되기도 한다. 세상에서 종종 발생하는 폭력 사건 중 일부는 우리가 타락한 세상에 살고 있기 때문에 벌어지는 것이라고 볼 수 있다. 하지만 그렇다고 해서 우리에게 일어나는 모든 일을 어쩌다가 우연히 일어난 사건으로 봐야 할까? 그런 경우도 있지만, 그렇지 않은 경우도 분명 있다.

하나님 나라의 비밀을 알리고 생명을 주기 위해 이 세상에 오신 예수님을 기억하자. 그리고 이 세상에는 생명을 도둑질하고 죽이고 파괴하기 위해 온 강도 또한 있다는 사실도 기억하자. 사탄의 속셈은 이 세상에서 우리가 있어야 할 자리로 인도해 주는 깊은 갈망으로부터 우리를 멀어지게 하는 것이다.

사탄은 고단수 사기꾼이다. 우리가 사람들의 말과 행동, 표정, 상황, 감정에 대해 계속해서 잘못된 해석을 하도록 이끈다. 예수님은 사탄이 "처음부터 살인한 자요 진리가 그 속에 없으므로 진리에 서지 못하고 거짓을 말할 때마다 제 것으로 말하나니 이는 그가 거짓말쟁이요 거짓의 아비가 되었음이라"요 8:44고 하셨다. 사탄은 우리를 진실과 멀어지게 만들기 위해 약삭빠르게 우리를 왜곡된 판단으로 이끈다. 사탄의 거짓말은 언제나 우리의 마음을 향한다. 바로 우리 마음이 우리의 생명의 근원이기 때문이다.잠 4:23 내가 겪은 일 한 가지를 예로 들겠다.

중학교 1학년 때의 일이다. 자율학습 시간이라 선생님은 잠시 밖에 나가 계셨고, 평소와 다름없이 아이들은 내 옆에 앉은 아이에게 크레

파스를 던지기 시작했다. 그 아이가 벌벌 떠는 모습이 보였다. 순간 내 안에 분노와 용기가 솟구쳤다. 나는 아이들에게 이제 그만두는 게 좋을 거라고 경고했다. 그러자 곧 나에게 불똥이 튀었다. 나는 도저히 참을 수가 없어서 그들 중 대장 격인 아이에게 교실 가운데로 나오라고 말했다. 그 아이는 두 팔을 휘두르며 의기양양하게 걸어 나왔다. 상황을 끝내려면 한판 붙는 수밖에 없었다. 영화에서 제임스 본드가 이런 상황을 어떻게 처리했는지를 떠올려 보니 주먹으로 한 대 갈기면 끝이 나던 것 같았다. 나는 있는 힘껏 주먹을 휘둘렀다. 그러나 상대는 넘어지기는커녕 몇 발 물러났다가 오히려 돌진해서 팔로 내 목을 감았다. 무릎을 꿇은 채로 목이 감긴 나는 숨을 쉬기가 어려웠다. 그냥 풀어 주라고 간청하는 아이들의 소리가 들리면서 앞이 노래졌다.

    다시 눈을 떴을 때 나는 천정을 보고 누워 있었다. 아이들의 야유과 웃음소리를 들으며, 선생님이 오시기 전에 얼른 자리로 돌아가서 앉았다. 괴롭힘을 당하는 친구를 돕겠다는 착한 의도로 나섰지만 오히려 창피만 당한 것이다. 나는 힘이 부족했다. 그리고 어린 마음에 이런 생각이 자리 잡았다. "괜히 남을 도우려 하지 말고 내 일이나 잘 하자. 해야 할 일만 하고 다른 건 신경 쓰지 말자." 그날 이후 나는 내 마음의 갈망으로부터 어느 정도 멀어져 버렸다.

    이번에는 대학교 때의 일이다. 내가 속한 우리 대학 체조팀이 전국 대회에 출전하게 되었다. 그런데 경기 첫날부터 몸이 조금 이상했다. 연습할 때와 달랐다. 몸이 무겁고, 타이밍도 잘 못 맞췄으며, 이유 없이 여기저기가 쑤셨다. 다음날 보니 몸에 두드러기가 나 있었다. 코치님에게 몸에 이상한 게 났다고 말했고, 결국 나는 대회기간 내내 격리되고 말았다. 수두에 걸린 것이다. 당시 나는 스무 살이었다. 이번 대회를 위해 몇 년을 연습했는데, 어릴 때 앓고 면역이 생겼어야 하는 병 때문에 꿈이 무산되어 버렸다. 나에게 닥친 상황을 어떻게 이해해야 할지 몰라 괴로워하는 가운데 문득 이런 생각이 들었다. "인생이란 원래 그런 거야. 내가 얻기 원해서 노력하는 것은 항상 빼앗길 거야." 이번에도 나는 내 마음과 갈망에서 더욱 멀어졌다. 나는 좀 더 조심스러워졌고 계산적이 되었다.

그 후 AIA 사역을 할 때 우리는 캘리포니아 남부에서 체육관을 하나 시작했다. 운동선수들이 경기에 출전하여 경쟁하는 가운데 세상에 나가 복음을 전하도록 훈련하기 위함이었다. 그러던 어느 날, 어린 선수들이 오기 전 남자 선수들이 연습하는 시간에 한 선수가 나에게 평행봉에서 착지를 할 테니 옆에서 봐 달라고 부탁했다. 뒤로 2회전 공중 돌아내리기는 그가 이미 수없이 연습한 착지 방법이었다. 바닥에 매트가 깔려 있었지만, 그는 만일을 대비해서 옆에 있어 달라고 부탁했다. 그는 물구나무 자세에서 무릎을 머리 뒤로 돌리며 손을 놓은 뒤에 다리를 잡고 두 바퀴를 돌았다. 그런데 순간 두 발로 착지하기가 어려워 보였다. 나는 재빨리 그의 하체를 받쳐 주었지만, 안타깝게도 그는 내 손을 빠져나가 목이 먼저 바닥에 닿아 버렸다. 그리고 그 충격으로 그는 목 아래가 마비되고 말았다. 너무 충격적인 비극이라 나로서는 도저히 이해가 되지 않았다. 27년 뒤에 하나님이 깨닫게 하실 때까지, 나는 이 가슴 아픈 사건을 늘 마음속에 품고 살았다. 나 때문에, 내 실수 때문에 한 선수의 몸이 마비되었다는 죄책감과 두려움은 '남을 섣불리 도와주었다가는 되돌릴 수 없는 상처를 줄 수도 있다'는 생각이 자리 잡게 했다. 나는 마음이 원하는 갈망과 더욱 거리가 멀어졌다.

이런 일들을 겪으면, 설령 우리 마음속 갈망에 근접하는 상황이 와도 주저하거나 겁부터 집어먹게 된다. 어떤 특정한 상황이 찾아오면 그저 조용히 있거나 모습을 감추고 드러나지 않으려고 한다. 또는 나갈 문을 찾는 등 상황을 피한다. 때로는 오히려 지나치게 크게 말하거나 상황을 주도하고 계속 농담과 헛소리를 하거나 하는 등, 나중에 내가 왜 그랬을까 후회할 법한 행동을 한다. 어떤 사람은 자신도 모르게 흥분하며 화를 내거나 이유 없이 짜증을 낼 수도 있다.

사탄은 우리가 하나님 영광의 광채를 발하지 못하도록 굳이 우리의 목숨을 앗아갈 필요가 없다. 그저 우리가 자신의 마음과 갈망에서 멀어지게만 하면, 우리는 스스로 혼란에 빠져서 활력과 의지를 상실한 채 아무 일도 하지 못한다. 아주 조금씩 갈망으로부터 멀어지다 보면 나중에는 자신 안에 그런 마음이 있었는지조차 생각나지 않는다. 그래서 이런 말씀이 있는 것이다.

> 모든 지킬 만한 것 중에 더욱 네 마음을 지키라 생명의 근원이 이에서 남이니라 잠 4:23

하나님은 우리에게 그 무엇에도 노예가 되지 않도록 주의하라고 말씀하신다. "그리스도께서 우리를 자유롭게 하려고 자유를 주셨으니 그러므로 굳건하게 서서 다시는 종의 멍에를 메지 말라."갈 5:1 온갖 거짓말과 속임수는 우리 목에 줄을 매어서 우리를 원치 않는 방향으로 이끌고, 우리의 정체성에 대해 그릇된 생각을 심어 준다. 우리는 이렇게 생각할 때가 많다. '나는 왜 이런 짓을 계속하는 거지?' '나는 왜 이걸 못할까?' 이 질문들은 우리를 노예로 만드는 멍에가 무엇인지 보여 준다. 하지만 예수님은 그 멍에에서 우리를 자유롭게 하셨다.

무시, 외면, 거절, 배척, 조롱, 오해 같은 고통에서 회피하고자 하는 마음이나, 인정, 의미, 칭찬, 소통 같은 마음의 욕구가 우리의 말과 행동을 지배할 때 우리는 노예가 된다. "누구든지 진 자는 이긴 자의 종이 됨이라."벧후 2:19

나는 참으로 아름답고 의미 있는 재능을 가지고 있으면서도 그것을 자신 안에만 가두어 놓고 밖으로 펼쳐내지 못하는 사람들을 수없이 보아 왔다. 사람들은 이들을 재능이 없는 사람, 또는 수줍음이 너무 많은 사람이라고 생각하지만, 사실 그들은 오래전 자신도 모르게 마음속에 자리 잡은 두려움의 지배를 받고 있는 것이다. 한편 자신의 말과 행동에 대해 번번이 인정해 주고 용납해 줄 것을 요구하는 이들도 있다. 보통 지배적이고 피곤한 사람이라는 인상을 주는 사람들이다. 두 부류 모두 영광과 풍성함, 아름다움, 무게를 갖고 있다. 다만 그 영광의 광채가 과거의 실패나 고통에 오염되어 가려졌을 따름이다.

물론 내가 어느 순간 단번에 이런 많은 상처를 모두 알아차리고, 그 상처로 말미암아 생긴 거짓 자아의 영향력을 다 깨달은 것은 아니다. 노예로서 지던 멍에와 그 멍에가 삶에 준 영향력은, 기도를 하거나 누군가의 이야기를 듣거나 상담을 받을 때, 자신을 성찰하거나 친구들과 대화할 때 등의 상황 가운데 하나씩 수면 위로 떠오른다.

물론 시간이 지나면 하나님은 아직 드러나지 않은 또 다른 노예의 멍에를 내게 보여 주시겠지만, 나를 짓누르던 수많은 멍에는 이제 어느 정도 처리가 되었다. 여전히 그 멍에의 소리를 들으며, 그 존재를 느끼지만 말이다. 다만 전보다는 멀리 느낀다. 마치 모기가 들끓는 방에서 모기장을 치고 자는 느낌이다. 모기장을 치면 이제 더는 모기에게 물리지 않는다. 안으로 들어오려는 모기들의 윙윙대는 소리는 어쩔 수가 없지만 말이다. 소리는 내지만 모기장을 뚫지 못하는 모기들처럼, 우리를 짓누르던 멍에들도 저 멀리에서 소리를 낼지언정 더는 우리의 삶을 마음대로 정의하거나 좌우하지 못한다.

축소하기

우리가 마음의 갈망을 발견하고(엄밀히는 재발견하고) 받아들이기 시작하면, 적은 이제 우리의 영광을 축소시키는 방향으로 전략을 바꾼다. 우리가 스스로 사신의 무게감을 과소평가하게 만들어 '내가 세상에 기여할 수 있는 것은 없다'는 생각을 심는 것이다. 거리 두기가 오랜 시간에 걸쳐 깊은 차원에서 일어난다면, 축소하는 것은 한순간에 눈에 보이는 데서 일어난다. 거리 두기가 느낌의 차원이라면 축소하는 것은 듣는 차원의 공격이다. 그리고 보통 이 공격은 정죄라는 형태로 온다.

한번은 인사 문제에 대한 회의로 골머리를 앓다가 잠깐 쉬고 있었는데, 아주 명확한 목소리 하나가 들려왔다. "사람들은 네 생각을 신경 쓰지 않아. 그냥 조용히 있다가 자리를 뜨는 게 상책이야." 물론 실제로 누가 한 말이 아니라 내 생각의 목소리였다. 하지만 너무나 생생했기 때문에 나는 혹시 누가 옆에 있는지 주위를 둘러보기까지 했다. 하지만 방에는 나 혼자였다. 처음에는 그 말이 맞다는 생각이 들었다. 하지만 곧 그것이 '뜬금없이' 떠오른 생각이라는 사실을 깨달았다. 내가 고민하고 분석해서 내린 결론이 아닌, 매우 직접적인 비난의 말이었다. 나를 낙심시키고 주저앉게 하려는 의도가 분명했다.

하나님은 사탄을 거짓의 아비요 8:44 이자 그리스도인들을 참소하는 자계 12:10 라고 하셨다. 사탄은 수완이 기가 막히다. 우리를 정죄하여 한없이 작아지게 만드는 이 두 번째 수법은, 상처를 사용하여 마음이 갈망으로부터 멀어지도록 하는 수법만큼 효과적이다. 이런 사탄의 정죄가 강력한 이유는 내면의 음성으로 들려오는 그 정죄가 우리 목소리를 쏙 빼닮았기 때문이다. 우리는 정죄의 목소리를 들을 때 그것을 자신의 생각과 깨달음이라고 생각하고 받아들이는 것이다.

한번은 소명에 대한 집회를 할 때, 청중에게 우리가 자주 듣는 정죄의 말이 무엇인지 아느냐고 질문한 적이 있다. 그러자 사람들은 이렇게 대답했다.

'너무 늦었어.'

'너 지금 말도 안 되는 소리 하는 것 알고 있지?'

'너는 아무것도 못해.'

'너 정말 한심하구나.'

'너 때문에 일을 더 망쳐 버렸잖아.'

이런 축소하기 공격, 즉 정죄의 말을 수긍하고 받아들였다가는 심각한 내상을 입을 수 있다. 오스왈드 챔버스는 어떤 생각의 타당성을 검증하려면, 논리적 결론 도출 방법을 사용하여 어떤 결과가 나오는지를 보면 된다고 충고했다. 만약 그 결과가 "하나님이 책망하시는 것이라면 더는 생각하지 않으면 된다."[3] 매우 유용한 삶의 지혜다.

사람들과 얼굴을 마주하면서 강의를 하다 보면 나에게도 이런 소리가 들려온다. "거 봐, 사람들이 지루해하잖아. 지금 네가 하는 말은 헛소리처럼 들리고 있어. 사람들은 너한테 실망했을 거야." 이런 내면의 소리에 휘둘리게 되면 괜히 죄를 지은 사람처럼 겁을 먹고 소심해져서, 그저 서둘러 강의를 끝내고 그곳을 떠나고 싶다는 생각만 한다.

다음 질문도 유용하다. "이 생각이 어디서 왔을까?" 이렇게 질문해 보면, 나를 내리누르는 생각들이 얼마나 낯설고도 터무니없는 것인지를 깨닫는다. 즉, 그것이 내 생각이 아님을 알게 된다.

정죄의 핵심은 심판과 판결이다. 바울은 "(너희 자신을) 판단하지 말라"고 했다. 고전 4:3. 괄호는 저자 사탄은 우리가 스스로 우리의 영광을 판단하여 그것을 무의미하게 여기도록 이끈다. 그 수법에 넘어가지 말라. 거부하라. 바울은 이렇게 말한다.

> 그러므로 때가 이르기 전 곧 주께서 오시기까지 아무것도 판단하지 말라 그가 어둠에 감추인 것들을 드러내고 마음의 뜻을 나타내시리니 그 때에 각 사람에게 하나님으로부터 칭찬이 있으리라 고전 4:5

적의 공격에 대비하여 자신을 지키려면 경계를 늦춰서는 안 된다. 우리를 작아지게 하는 내면의 소리를 즐기거나 받아들이지 말자. 우리 삶에 들어와서 오랜 세월 뿌리내린 거짓된 말들과 맺은 계약을 해지하고 무효화하고 취소하고 철회하자.

눈에 띄지 않지만 매우 강력한, 그리고 자주 들려오는 이런 정죄의 목소리에는 두 가지 형태가 있다.

• 비교

비교는 사탄의 가장 오래된 전략이지만 우리는 번번이 걸려든다. 적은 다른 사람의 영광을 목격한 우리에게 어김없이 속삭인다. "저걸 좀 봐. 대단하지? 너는 사람들에게 저 정도의 반응을 불러일으킬 수 없어. 죽었다 깨어나도 네가 저 사람처럼 되기는 글렀어. 너는 형편없는 아마추어인데다 모조품에 불과해. 너에게 강연/설교/기도/만남/원고/업무를 부탁하는 사람이 없는 것도 바로 그 때문이야."

이런 사탄의 고소를 무력화시키는 방법은 다른 사람을 과소평가하는 것이 아니라, 다른 사람의 영광이 우리의 영광을 결코 축소시키지 못한다는 사실을 기억하는 것이다. 각 사람의 영광은 모두 소중하다. 모든 사람의 영광에는 각각의 역할과 자리가 있다. 그리고 각 사람의 영광은 계속 성장하고 발전한다.

하나님이 책을 쓰라고 말씀하셨지만 나는 한동안 마음고생이 심했다. 출판 에이전시는 내가 쓴 글이 별로라며 내 글을 출판사에 전달할 수 없다고 했다. 이런 상황에서 내 친구들에게는 그들의 책을 출판하고 싶다는 요청이 쇄도했다. 사탄이 고소하는 소리가 들렸다. "네가 글을 쓴다고? 꿈 깨! 출판하겠다는 출판사가 없는 이유가 뭐겠어? 너는 존처럼 작가가 될 수는 없는 사람이야. 더는 자신을 속이지 말고 당장 그만둬." 그러나 7년 정도 흐르고 보니 이 책에는 존의 삶과 다른 나만의 삶을 담기 위한 시간이 필요했던 것을 깨달을 수 있었다.

비교를 사용한 수법 중 두 번째는 알아차리기가 쉽지 않은데, 이 수법은 훌륭한 은사를 가진 사람과의 비교가 아니라 특정 분야의 은사가 없는 사람과 비교하게 때문이다. 예를 들면 정말 열심히 하는데 성공하지 못하는 가수나 연예인, 재미있게 하려고 무척 노력하지만 썰렁하기만 한 강사, 누군가에게 조언을 한답시고 전혀 도움이 안 되는 말만 하는 상담가, 자신이 팀에 도움이 되는 리더라고 생각하지만 아무도 함께 식사하고 싶어 하지 않는 만년 과장. 그런 사람들을 볼 때 당신에게는 이런 정죄의 소리가 들려온다. "너도 저 사람들이랑 똑같아.

네가 가진 은사가 사람들에게 도움이 될 것 같니? 형편없어. 정신 좀 차리라고." 그 생각에 넘어가면, 당신은 더는 자신의 영광을 사람들과 나누지 않는다.

이와 같이 우리는 두려움이나 당황스러움으로 말미암아 자신의 영광을 점점 축소하게 되고, 결국 자신이 가진 은사를 사용하는 것을 거부하게 된다.

> 여러분 자신이 어떤 사람이며 여러분에게 맡겨진 일이 무엇인지 조심스럽게 살핀 다음에 그 일에 몰두하십시오. 우쭐대지 마십시오. 남과 비교하지 마십시오. 여러분은 저마다 창조적으로 최선의 삶을 살아야 할 책임이 있습니다. 갈 6:4-5 메시지성경

• 상대적 가치

사람들과 대화하다 보면, "내 은사를 사용하는 것이 하나님의 뜻이라면, 그 은사를 사용했을 때 당연히 보수를 받을 수 있을 것이다"라는 사탄의 거짓말에 넘어가 아무것도 하지 못하고 있는 것을 종종 발견한다. '중요한 은사를 가진 사람들은 충분한 인정을 받고 보수와 지위와 명예를 누린다'는 생각이 우리를 괴롭힌다.

이제 이 사악한 생각이 거짓인 이유를 밝히겠다. 첫째, 앞에서 말했듯이, 무급이든 유급이든 우리 삶의 영광이나 은사를 완전히 수용할 수 있는 직업은 결코 존재하지 않는다. 업무 조건을 아무리 상세하게

정해 놓는다 해도 불가능하다. 둘째, 어떤 사람이나 조직은 우리가 자신의 소명에 도달하는 길을 통제할 수는 없다. 아무리 대단한 부와 권세, 지위와 인맥을 가진 사람이나 조직도 그렇게 할 수 없다. 셋째, 은사는 사역단체(교회, 비영리단체, 박애주의 단체, 선교단체)로 한정되지 않는다. 나는 자신이 부르심 받은 사역을 위해 사역단체를 떠나는 사람들을 많이 보았다.

무시하기

혹 우리가 마음의 갈망에서 멀어지게 하는 공격을 막아내고, 원수의 정죄 역시 받아들이지 않았다면, 이제 사탄은 우리가 이미 보고 경험한 자신의 영광을 무시하게 한다.

예를 들면 사탄은 이런 생각을 넣어 준다. "내가 보는 방식에서 이제는 벗어나고 싶어." "내가 듣는 방식으로는 이제 그만 듣고 싶어." "이제는 하나님께서 나에게 이렇게 말하고 행동하라는 말씀을 그만하셨으면 좋겠어." 우리는 이런 생각을 하는 가운데 점차 자신이 가진 영광의 광채를 싫어하고 외면한다.

다윗은 "인생들아 어느 때까지 나의 영광을 바꾸어 욕되게 하며 헛된 일을 좋아하고 거짓을 구하려는가"시 4:2라고 말했다. 우리의 삶을 돌아보면 맞는 말이지 않은가?

나는 상담을 받다가 내 삶의 진실을 명확하게 깨닫게 된 적이 있다. 나는 상담가에게 이렇게 말했다. "제가 항상 생각하는 게 있어요.

저는 어떤 일에 대해서든 목적과 문제점을 파악하려고 한답니다." 이 말을 하는데, 다시 인생을 살 수 있다면 비밀첩보요원이나 외과의사가 되고 싶다고 생각했던 것이 떠올랐다. 이 두 직업의 공통적인 목적은 위협을 찾아내고 제거하여 사람들의 삶이 풍성하게 지속되도록 하는 것이다. 이는 단지 어린 시절의 근거 없는 환상이 아니었다. 이 꿈 안에는 나를 향한 계획, 내가 세상에서 수행해야 할 기능, 내가 창조된 목적이 담겨 있었다.

나는 오랫동안 '부정적인 사람', '방해꾼', '찬물을 끼얹는 사람'이라는 비판을 종종 들었다. 한번은 직원 회의에서 안건에 대한 의견을 제시했는데, 한 동료가 이렇게 말했다. "여러분, 게리를 보면 C. S. 루이스의《그 가공할 힘》(홍성사 역간)에 나오는 맥피가 떠오르지 않습니까?" 그 소설이나 인물에 대해서는 잘 몰랐지만, 동료의 말과 어투로 볼 때 나를 놀리는 게 분명했다. 느낌으로 알 수 있었다.

슬프고 안타까운 일이지만, 종종 나는 부정적이고 논쟁을 좋아하는 사람으로 비춰진다. 물론 꼭 필요한 이야기이기에 상대방에게 도움이 될 거라는 생각에 말을 꺼냈는데, 어쩌다 보니 전혀 엉뚱한 말을 했던 적도 없지 않다. 하지만 대부분 내가 정확히 보았고, 내 지적이 꼭 필요했던 경우였다. 하지만 그럴 때 상대방은 자신의 의견이 가로막혔다거나 위협을 받았다고 느낀 나머지 부정적으로 반응하는 경우가 많았다. 그래서 내 의견이 아무리 좋고 바람직하더라도, 그들은 일단 나의 말을 무시했다.

이런 상황이 벌어지는 게 너무 괴로운 나머지, 나는 내 은사와 인내가 더욱 단련되기를 구하기보다는 차라리 내 은사를 가져가 달라고 기도하고 싶을 때도 있었다. 은사를 사용할 때마다 너무도 고통스러웠기에 차라리 은사를 무시하고 싶었다.

혹시 당신도 당신이 가진 능력과 아름다움과 풍성함을 사람들에게 베풀었다가 오히려 상처만 돌려받은 적이 있는가? 여기서 그 상처가 우리를 얼마나 아프게 하는지, 얼마나 예측할 수 없이 찾아오는지는 문제가 아니다. 문제는 그 상처와 함께 따라오는 메시지다. "하지 마. 가치 없는 일이야." "네가 그러니까 사람들이 네 곁에 오지 않는 거야." "너는 방해만 될 뿐이야."

그리고 그 결과, 우리는 우리의 참모습과는 정반대의 방향으로 나아가게 된다.

자격이 없다고 느끼기

이 모든 공격과 방해 공작에도 우리의 영광이 사람들에게 계속 흘러간다면, 원수는 이제 마지막 무기를 사용한다. 바로 자격이 없다고 느끼게 하는 것이다. 원수는 우리 귀에 속삭인다. "네가 무슨 짓을 했는지 알고 있지? 네가 모두 망쳐 버렸어. 부끄럽지도 않아? 이미 너무 늦었어. 이미 선을 넘어 버렸다고. 넌 이제 끝났어." 죄와 불순종에 민감한 우리 마음은 원수의 정죄를 만나는 순간 무너져 버린다. 우리가 성경의 진리 안에 흠뻑 잠겨 있지 않으면 거짓말에 넘어가기 쉽다.

사탄은 죄의 심각성을 알고 있다. 그는 죄의 결과를 몸소 겪었기에, 인간에게도 죄를 짓도록 부추긴다. 그는 나니아 연대기 시리즈의 《사자, 마녀 그리고 옷장》편에 나오는 '심오한 마법'의 원리를 알고 있다. 이 이야기에서 하얀 마녀는 죄의 결과에 대해 말한다. "죄는 네가 가고 싶어 하는 것보다 훨씬 멀리 너를 데려가고, 네가 머물고 싶어 하는 것보다 훨씬 오래 너를 머무르게 하고, 네가 지불하고 싶어 하는 것보다 훨씬 많은 대가를 치르게 하지."[4]

사탄은 신자들로 하여금 자신의 죄를 깨닫게 하여, 그들을 무력하게 만든다. 하얀 마녀의 말을 계속 보자. "모든 반역자는 내 것이야. 나에겐 모든 반역자를 죽일 합법적인 권리가 있지.… 저 인간도 내 것이지. 그의 생명은 이미 내 거야. 그의 피도 내 소유지."[5]

하지만 아슬란이 말하는 '더욱 심오한 마법'이 있다. "결백한 자가 반역자의 죄를 대신하여 스스로 목숨을 바치면 죽음 자체가 다시 원상태로 돌아간다."[6] 이는 바로 "그는 우리 죄를 위한 화목제물이니"라는 요한1서 2장 2절의 진리다. 우리에게 자격이 없다는 사탄의 공격에 맞서려면, 이 '더욱 심오한 마법'을 사용해야 한다.

만일 우리가 죄가 없다고 말하면 스스로 속이고 또 진리가 우리 속에 있지 아니할 것이요 만일 우리가 우리 죄를 자백하면 그는 미쁘시고 의로우사 우리 죄를 사하시며 우리를 모든 불의에서 깨끗하게 하실 것이요 요일 1:8-9

그러므로 이제 그리스도 예수 안에 있는 자에게는 결코 정죄함이 없나니 이는 그리스도 예수 안에 있는 생명의 성령의 법이 죄와 사망의 법에서 너를 해방하였음이라 **롬 8:1-2**

하나님의 은사와 부르심에는 후회하심이 없느니라 **롬 11:29**

하나님의 약속은 얼마든지 그리스도 안에서 예가 되니 그런즉 그로 말미암아 우리가 아멘하여 하나님께 영광을 돌리게 되느니라 **고후 1:20**

우리의 싸우는 무기는 육신에 속한 것이 아니요 오직 어떤 견고한 진도 무너뜨리는 하나님의 능력이라 모든 이론을 무너뜨리며 하나님 아는 것을 대적하여 높아진 것을 다 무너뜨리고 모든 생각을 사로잡아 그리스도에게 복종하게 하니 **고후 10:4-5**

우리가 죄를 지었을 때 해결책은 예수 그리스도뿐이다. 그분은 죽음, 부활, 승천을 통해 우리를 위한 모든 것을 성취하셨다. 죄를 지었을 때는 하나님의 희생과 긍휼, 그리고 우리를 절대 포기하지 않으시는 그 사랑으로 돌아가라. 우리는 하나님의 용서와 구원과 생명과 자유가 간절히 필요한 존재다. 이 사실을 다시 기억할 때마다 예수 그리스도를 향한 당신의 사랑은 더욱 커질 것이다. 많이 용서받은 자가 많이 사랑하며, **눅 7:47** 우리는 하나님의 영광을 나타낼 자들이다. **사 61:2-3**

마음 지키기

소명에 대한 공격이 무엇인지를 알면 분명 도움이 되지만, 이를 아는 것만으로 해방을 얻을 수 있는 것은 아니다. 이해한다고 해서 치유가 일어나는 것이 아니며 확신한다고 해서 회복되는 것은 아니다. 상처가 있다는 사실을 안다고 해서 피가 멎지 않는 것과 같다. 감옥에 갇힌 사람은 자신이 감옥에 왜, 어떻게 갇혔는지 잘 알지만, 그럼에도 그는 여전히 갇힌 상태다. 이해와 확신은 우리를 방어 태세로 이끈다. 그러나 하나님의 개입과 치유는 우리를 공격 태세로 전환시켜 준다.

그렇다면 우리의 마음과 소명, 특히 과거의 실수에 대한 공격에 우리는 어떻게 대처해야 할까?

드러남

우선 하나님께 우리의 삶에 빛을 비추셔서 다음과 같은 감춰진 것을 드러내 달라고 기도하라.

- 우리를 마음의 갈망과 멀어지게 만든 결정적인 공격들
- 우리가 자신의 영광을 축소시킴으로 타협했던 것들
- 우리가 자신의 영광을 포기했던 순간들
- 제대로 해결되지 않아 원수가 계속 공격하는 죄들

그러나 책망을 받는 모든 것은 빛으로 말미암아 드러나나니 드러나는 것마다 빛이니라 엡 5:13

네 온 몸이 밝아 조금도 어두운 데가 없으면 등불의 빛이 너를 비출 때와 같이 온전히 밝으리라 하시니라 눅 11:36

특별히 홀로 침묵 속에 있을 때, 또는 우리의 마음과 영광에 함께 마음을 쏟아 줄 수 있는 소수의 사람들과 있을 때 모든 상황에 대한 빛을 비추어 달라고 간구하면 더욱 효과적이다.

그리고 하나님이 무언가를 계시해 주시면, 그 일의 실체를 보여 달라고 간구하라.

- 우리가 어떤 일을 이해한 방식과 실제로 일어난 일의 차이점
- 당신 자신과 하나님과 사람들에 대한 거짓말, 또는 당신 마음에 삶은 어떨 것이라고 새겨져 있는 거짓말
- 스스로 받아들인 거짓 자아나 가짜 행동

하나님과 함께하는 시간에 이런 것들을 드러내 달라고 기도하고, 궁금한 점들을 질문하라. 그리고 자신의 기억력을 과신하지 말고 들은 내용을 꼭 기록해 두기를 바란다.

고백

당신을 만드신 창조주의 진실 대신 자신이 믿었던 거짓말, 그리고 그 거짓말로 정의 내린 자신의 삶을 하나님 앞에 솔직하게 고백하라. 모든 거짓말을 꾸짖고, 진리인 성경말씀을 선포하라.

"나는 하나님 아는 것을 대적하여 높아진 것을 다 무너뜨리고 모든 생각을 사로잡아 그리스도에게 복종시킨다!" 고후 10:5 참고

회개

가장 참된 회개란 회개의 대상이 되는 행위를 중단하는 것뿐 아니라, 그동안 가로막혀 있던 행위, 즉 정반대의 행위를 의도적으로 하는 것까지도 포함한다.

하나님께서 당신 안에 모든 일을 통제하여 상황을 이끌려고 하는 모습(대화를 주도하고 의사결정과 방향을 지시하고 리드하고 계속해서 일을 추진하고 자기주장을 하는 등의 모습)이 있음을 보여 주셨다면, 이제는 자기 의견을 먼저 말하지 말고 사람들에게 발언권을 주도록 하라.

한편 하나님께서 당신이 조용하게 있음으로써 상황을 모면하려는 모습(주로 듣기만 하고 사람들이 말하게 하며 겸손한 자세로 가만히 있으려는 등의 모습)이 있음을 보여 주셨다면, 이제 입을 열어 자신의 목소리를 내도록 노력하라. 이것이 참된 회개다.

예수님은 우리가 영광스럽고도 열매 맺는 삶을 살려고 할 때 반대에 부딪히는 것은 자연스러운 일이라고 하셨다. 이런 저항을 극복하려

면 인내가 필요하다. 우리를 향한 반대와 공격은 매우 강렬하며 오래 지속된다. 그리고 이 싸움은 바로 우리의 마음에서 일어난다. 잠 4:23 참고

적은 우리의 삶에 깊은 상처를 줌으로써 우리를 우리의 마음, 그리고 우리를 인도해 주는 통로인 갈망에서 멀어지게 한다. 이런 상처를 치료하지 않으면 상처는 결국 종의 멍에가 된다. 갈 5:1 하지만 다행히도 예수님은 우리의 상처 입은 마음을 고치고, 우리가 자유케 되도록 하려고 세상에 오셨다. 사 61:1-3 다만 이런 하나님의 의도와 우리의 깨달음이 함께 작용해야 한다.

우리가 자신의 마음과 갈망을 인식하여 치유와 회복의 여정을 시작하면, 적은 곧바로 우리의 영광을 축소시키는 전략을 사용한다. 우리가 세상에 그분의 영광을 나타내지 못하도록 무의미나 무관심, 무익함으로 가득한 정죄와 속임수로 무차별 폭격을 가한다. 우리가 자신의 영광을 작아지게 하는 말들을 받아들이면, 자신 안에 있는 하나님의 영광을 우리 스스로 판단하게 된다.

그러나 만약 우리가 영광을 인정하고 받아들여서 그 영광을 고소하는 말을 거부하면, 원수는 다음으로 수치심을 일으켜서 우리가 자신의 소명을 무시하게 만든다. 자신의 영광을 남들과 나누었다가 조롱이나 거절을 당하면 수치심이 생기는데, 원수는 이때를 놓칠세라 우리가 자신의 소명을 증오할 정도로 우리의 수치심을 끌어올린다. 일단 수치심이 뿌리내리면 우리는 자신의 영광을 포기하고 떠나 버린다.

이 모든 시도에도 불구하고 모든 공격이 수포로 돌아가면, 마지막

으로 원수는 우리가 하나님과의 관계에서 선을 넘어 버렸기 때문에 그분의 위대한 이야기에서 차지할 자리를 상실했으며, 우리에게는 아무런 자격이 없다고 비난한다.

그러나 우리가 죄를 지었을 때 확실하고도 유일한 해결책이 있다. 바로 예수 그리스도다. 그분이 죽음과 부활로써 우리를 위해 이루신 모든 일이다. 죄를 지었다면 하나님의 희생과 긍휼, 그리고 우리를 절대 포기하지 않으시는 그 사랑으로 돌아가자. "하나님의 은사와 부르심에는 후회하심이 없느니라."롬 11:29

원수의 거짓 책망에 대항하여 선포할 수 있는 진리의 말씀들을 소개한다.

나는 하나님의 자녀다.요 1:12

나는 참 포도나무이신 예수님의 가지이며 하나님 생명의 통로다.요 15:5

나는 예수 그리스도의 제자이자 친구다.요 15:15

나는 열매 맺는 자로 선택되어 세움 받았다.요 15:16

나는 의롭다고 인정받았다.롬 5:1

나는 정죄함으로부터 해방되었다.롬 8:1-2

하나님은 모든 것이 합력하여 내게 선을 이루게 하신다.롬 8:28

그 무엇도 나를 정죄할 수 없으며, 나는 하나님의 사랑에서 결코 끊어질 수 없다.롬 8:31-39

나는 주 여호와와 하나이며 한 영이다.고전 6:17

나는 하나님의 성전이다. 고전 3:16

나는 하나님이 값을 치르고 산 존재이며 하나님께 속했다. 고전 6:19-20

나는 그리스도의 몸의 지체다. 고전 12:27

나는 그리스도 안에서 굳게 세워졌고 기름부음을 받았으며 그리스도께 인침을 받았다. 고후 1:21-22

나는 하나님과 세상을 서로 화목하게 하는 자다. 고후 5:17-21

나는 하나님이 택하시어 그분의 자녀로 입양되었다. 엡 1:3-8

나는 하늘에서 예수 그리스도와 함께 앉아 있다. 엡 2:6

나는 하나님이 만드신 작품이다. 엡 2:10

나는 담대함과 확신을 가지고 하나님께 나아갈 수 있다. 엡 3:12

하나님은 내 안에서 시작하신 착한 일을 반드시 이루신다. 빌 1:6

나는 하늘나라의 시민이다. 빌 3:20

내게 능력을 주시는 그리스도 안에서 나는 모든 일을 할 수 있다. 빌 4:13

나는 구속 곧 죄사함을 받았다. 골 1:13-14

나는 그리스도 안에서 온전하다. 골 2:9-10

나는 그리스도와 함께 하나님 안에 감추어져 있다. 골 3:1-4

나는 두려워하는 마음이 아닌 능력과 사랑, 절제하는 마음을 받았다. 딤후 1:7

나는 예수 그리스도를 통해 은혜의 보좌 앞으로 나아간다. 히 4:14-16

나는 하나님의 자녀이며 악한 자는 나를 건드리지 못한다. 요일 5:18 [7]

PART 7
잠든 갈망을 깨우라

위대한 삶의 비밀은
자신이 가진 비밀스러운 기호들을 판독하여 이해하고
진리의 길로 걸어가는 방법을 터득하는 것이다.

―알렉산더 솔제니친―

브루스는 하나님께 간절히 부르짖었다. "제발 지금 이 상황이 무엇인지 알려 주십시오. 제가 무엇을 해야 합니까? 사인을 주십시오." 잠시 숨을 돌리려는 찰나, 번쩍이는 안내판이 그의 눈에 들어왔다. '전방 주의.' 그러나 상실감과 분노에 눈이 멀고 혼란스러운 상태였던 그는 또다시 외쳤다. "주님의 인도가 필요합니다. 제발 사인을 주십시오!" 그러자 갑자기 뒤쪽에 각종 안내 문구가 적힌 대형 트럭이 그의 앞에 와서 멈춰 선다. '정지', '막다른 길', '반대 방향으로', '진입 금지' 등. 그러나 그는 안내 문구들을 자신의 기도와 연결시키지 못한 채로 계속 운전하다가 결국 대형 사고를 당한다. 영화 〈브루스 올마이티〉에 나오는 이 장면은 우리가 자신의 영광을 찾는 과정에서 어떤 태도를 보이는지를 잘 보여 준다. 해답은 우리의 생각보다 훨씬 가까이에 있다.

하나님은 우리에게 그분이 예정해 놓으신 삶으로 갈 수 있는 지도를 주셨다. 그 지도에는 우리, 즉 우리의 마음이 별로 가지 않는 장소가 표시되어 있는데, 이는 한눈에 알아보기 힘든 비밀 언어와 비밀 기호로 적혀 있다. 문제는 우리가 그 기호들을 해독하려고 노력하지 않는다는 데 있다. 우리는 그저 좌절과 짜증과 분노 속에서 무심코 우리의 마음과 갈망을 지나쳐 버리고는, "우리의 삶이 무의미해 보인다고 절망한다."[1]

암호를 해독하는 법

다윗은 성경에서 가장 영광스러운 인물 중 한 명이다. 그는 "믿음으로 나라들을 이기기도 하며 의를 행하기도 하며 약속을 받기도 하며 사자들의 입을 막기도 하며 불의한 세력을 멸하기도 하며 칼날을 피하기도 하며 연약한 가운데서 강하게 되기도 하며 전쟁에 용감하게 되어 이방 사람들의 진을 물리치기도 한"히 11:33-34 역사적 인물이었다. 하나님은 "그의 마음의 소원을 들어주셨으며 그의 입술의 요구를 거절하지 아니하셨"시 21:2다.

다윗에 대한 외적 사실이 "당시에 하나님의 뜻을 따라 섬기다가"행 13:36 하나님께 돌아간 사람이라면, 그의 내적 사실은 '마음의 소원, 즉 자신의 갈망대로 살았던 사람'이다. 다윗은 하나님과 동행하면서 자신의 소원을 추구했다.

다윗은 훈련, 지혜, 기술, 장기 전략, 기도, 순종의 역할을 알고 있었다. 그러나 그가 자신의 목적, 소명, 영광으로 사는 삶을 발견한 곳은 바로 그 마음의 소원이었다. 그는 이렇게 고백했다.

또 여호와를 기뻐하라 그가 네 마음의 소원을 네게 이루어 주시리로다
시 37:4

여기서 다윗이 말한 "네 마음의 소원"이란 '우리가 계속해서 간구하고 기도하는 가장 깊고 솔직한 소원'을 의미한다. 이것은 우리가 결코 떨쳐 버릴 수 없는 핵심적인 열망과 갈망들이다. 자리 잡은 지 꽤 오래된 그런 갈망들은 특정 사건을 통해, 때로는 대화를 통해 표출된다. 우리는 종종 그런 갈망을 가져서는 안 되는 것으로 여기고 무시하거나, 별로 중요한 것이 아니라고 생각하고 포기하거나, 마음대로 오해할 때도 많다. 그러나 갈망과 소원은 친한 친구나 동료처럼 우리를 떠나지 않고 계속 마음속에 머무른다. 그 갈망이 사라진 삶은 상상하기가 어렵다.

우리는 시편 37장 4절과 친숙하면서도 그 의미를 잘못 해석할 때가 많다. 많은 사람이 이 구절의 뜻을 이런 식으로 오해한다. "너의 모든 갈망을 버리고 하나님을 사랑하는 일에만 집중해라. 우리의 욕망과 갈망은 하나님을 사랑하는 마음과 경쟁을 벌여서 우리가 하나님을 덜 사랑하게 만드는 것이다." 하지만 이런 해석대로라면, 하나님은 우리가 하나님을 충분히 사랑할 때만 우리 마음의 소원을 한두 가지 들어주신다. 그것도 우리의 소원이 아니라, 우리를 향한 하나님의 소원을 들어 주신다.

나는 전문인 사역을 하는 동안, 자신의 욕망을 억누름으로써 마음

을 닫은 채로 하나님을 전심으로 사랑하려고 애쓰는 사람들을 많이 보아 왔다. 하지만 그래서는 안 된다. 하나님을 사랑하려고 힘겹게 노력하지만 정작 본인은 불행히고 무기력하고 열정이 없는 그리스도인이 얼마나 많은가? 그들은 자신에게서 보이는 온전치 못한 자기절제와 불완전한 헌신의 모습에 실망하고, 죄와 싸우느라 모든 힘을 다 소진해 버린다.

하나님을 추구하는 일을 순전히 의지의 문제로만 생각하는 사람들이 많다. 그들에게 갈망이란 하나님과의 친밀함에 있어 적일 뿐이다. 실패를 거듭할 때마다 의지를 더욱 굳게 다지고, 또다시 마음의 열정을 억누른 채 더욱 열심히 노력한다. 여기서 잠시 오스왈드 챔버스의 말을 보자.

> 의지가 약한 사람이란 솟구치는 열정이 없는 사람이다. 그는 언제나 지배적인 영향력에 휩쓸려 버린다. 좋은 사람들과 함께 있을 때는 착했다가도 나쁜 사람들과 있으면 나빠진다. 이는 그가 위선자라서가 아니라, 그에게 주도적인 열정이 없기 때문이다.[2]

갈망이나 열정은 하나님과의 여정과 우리의 소명 찾기를 가로막는 장애물이 아니다. 오히려 그 두 가지를 이루기 위한 수단이다.

내 친구 한 명은 상담가와 상담하는 가운데 삶의 대부분을 열정이나 기쁨 없이 살아왔다는 사실을 깨닫게 되었다. 좋은 직장에 다니고 있었고 가족들이 원하는 것을 해줄 수 있었지만, 정작 본인은 자신이 살아온 모습에 신물이 났다. 그의 아내도 비슷한 심정이었다.

하지만 친구는 상담가의 말에서 커다란 해방감을 느꼈다. "그렇게 우울해하면서, 그리고 분노를 품으면서 살지 마세요." 그는 자기 마음의 소리를 죽이고 갈망을 억누르면서 살아왔다. 그 때문에 언제나 혼란과 분노, 타협과 무력감을 느꼈다. 겉으로는 안정적이고 평안한 듯 보였으나 사실 그는 불행했다. 지배적인 열정을 갖고 있지 못했던 그는 언제나 사람들의 설득에 약했고, 하나님 안에서 기뻐하는 것까지도 위선이라 생각했다.

C. S. 루이스는《스크루테이프의 편지》(홍성사 역간)라는 책에서 어둠의 세력이 인간에게 사용하는 전략들을 편지 형식으로 소개한다. 노련한 악마 스크루테이프는 신참 악마 웜우드에게, 인간들을 자신의 소명에서 멀어지게 하여 하나님 나라가 임하는 것을 막는 방법을 가르친다. 스크루테이프는 웜우드에게 이런 명령을 내린다. "웜우드, 네 임무는 사람들을 무관심하게 만든 다음 나에게 데려오는 거야."

어둠의 세력은 그리스도인들을 무관심으로 이끈다. 많은 사람이 '하나님을 사랑하고 섬기고 싶다'는 마음으로 모든 갈망이나 욕망을 포기하고 무시한다면, 자신에게는 오직 하나님을 향한 순전한 사랑만 남을 거라고 생각한다.

한 여성은 정원 가꾸기와 인테리어 하는 일을 너무나 좋아했지만, 그런 사소한 일에 시간을 낭비해서는 안 된다는 생각에 결국 취미를 포기했다. 그런데 이상하게도 하나님을 향한 마음이 전보다 약해지는 것을 발견했다. 무언가를 더 좋은 방향으로 개선하는 방법을 연구하기를 좋아했던 한 남성은 사람들로부터 그가 일만 만들어 내고, 하고 있는 일들은 지연시키며, 주어진 것에 만족할 줄을 모른다는 말을 듣고는 그 일을 그만두었다. 그는 자신이 교회에 있을 때나 묵상할 때, 사역하는 때보다도 작업실에 있을 때 하나님을 더 가까이 느낀다는 사실에 남모를 수치심을 느꼈다.

우리의 마음은 매우 예민하다. 마치 생태계와 같아서, 한 요소를 제거하면 다른 요소가 영향을 받게 된다. 의도적인 무시와 단식으로 마음을 닫은 상태에서 어떻게 '마음을 다하여 주 우리 하나님을 사랑' 막 12:30 참고 할 수 있겠는가?

하나님을 향한 진실한 사랑 대신 종교적 허울이 자리 잡은 사람들에게 예수님은 "이 백성들의 마음이 완악하여져서 그 귀는 듣기에 둔하고 눈은 감았으니" 마 13:15 라고 하셨다. 우리는 〈브루스 올마이티〉의 주인공 브루스처럼, 눈이 있어도 바로 앞에 있는 것도 보지 못한 채 살아가고 있다.

여호와를 기뻐한다면

우리는 "여호와를 기뻐하라 그가 네 마음의 소원을 네게 이루어 주시리로다"라는 말씀에서 "여호와를 기뻐하라"를 기억하며 살아야 한다. 즉, 하나님을 기뻐하는 가운데서 우리의 소원을 유지해야 한다.

영화 〈불의 전차〉에서 주인공 에릭 리들의 동생 제니는 육상 선수인 오빠가 육상에만 열중하여 신앙을 등한시할까 봐 걱정한다. 제니는 오빠에게 올림픽 출전에 대한 갈망을 버리고, 중국으로의 부르심, 그리고 하나님과의 관계에 열중하면 좋겠다고 말한다. 그러나 에릭은 동생에게 이렇게 대답한다. "나도 하나님께서 나를 중국으로 부르셨다고 믿어. 하지만 제니야, 하나님은 나를 빨리 달리게 만드셨어. 내가 달릴 때 하나님도 기뻐하셔.…내가 달리기를 포기하는 것은 하나님을 멸시하는 것이나 다름없어.…나는 경기에서 이기는 것이 내가 하나님을 높이는 일이라고 생각해."

하지만 정말로 우리의 소원을 간직하며 사는 것이 창조주를 경외하는 일이고, 우리 마음의 간절한 소원을 포기하는 것이 창조주를 무시하는 행동이 맞는지 걱정되는가? 사도 바울이 한 말을 보라.

> 이러므로 우리도 항상 너희를 위하여 기도함은 우리 하나님이 너희를 그 부르심에 합당한 자로 여기시고 모든 선을 기뻐함(바람, 즐거워함, 만족함)과 믿음의 역사를 능력으로 이루게 하시고 살후 1:11

날아다니는 스코틀랜드인(Flying Scotsman)이라는 별명을 가지고 있던 에릭은 결국 1924년 파리 올림픽 400m 계주에서 세계신기록을 수립하며 금메달을 획득했다. 그는 하나님과 동행하면서도 자기 마음의 소원을 따른 사람이었다. 내 친구 바트는 앞서 이야기한 시편 37장 4절을 이렇게 표현한다. "당신 마음의 진정한 소원을 이루는 것이야말로 바로 당신의 소명을 실현하는 것이다."

그렇다면, 아무 소원이나 괜찮을까? 모든 갈망이 다 선한 것인가?

> 세상의 방식을 사랑하지 마십시오. 세상의 것을 사랑하지 마십시오. 세상을 사랑하는 마음이 아버지를 사랑하는 마음을 밀어냅니다. 세상에서 통용되는 모든 것(자기 마음대로 살려 하고 모든 것을 자기 뜻대로 하려하고 잘난 체하는 욕망)은, 아버지와 아무 상관이 없습니다. 그런 것은 여러분을 그분께로부터 고립시킬 뿐입니다. 요일 2:15-16, 메시지성경

갈망은 성숙해야 한다

소명으로 가는 길은 두 갈래 길이라고 할 수 있다. 하나는 자신의 영광을 발견하는 길이고, 다른 하나는 발전, 즉 강건함과 성숙으로 향하는 길이다. 그런데 우리는 이 두 길을 동시에 걸어가야 한다. 마음의 갈망을 향해 가는 여정은 결국 점진적인 성숙을 요구하는 길이기 때문이다. 높은 차원의 소명을 이루려면 더 높은 차원의 지혜가 필요하다는 것을 잊지 말라.

> 어리석은 자는 온갖 말을 믿으나 슬기로운(신중한, 판단이 빠른) 자는 자기의 행동을 삼가느니라(자각, 분별, 구별하느니라) 잠 14:15

어린아이는 생각이 어린아이 같다. 눈에 보이는대로 받아들이고, 지금 당장만 생각하며 성급하게 행동한다. 그러다가 점점 나이가 들면서 모든 일은 보이는 게 전부가 아님을 깨닫게 된다. 시간이 흐를수록 자신을 둘러싼 세상에 수많은 일이 얽혀 있다는 사실을 배운다. 바울은 자신의 소명대로 사는 사람들은 "모든 선을 기뻐하며"살후 1:11 "범사에 헤아려 좋은 것을 취"살전 5:21 한다고 했다. 예수님은 하나님을 위해 놀라운 일을 하는 사람들이 모두 하나님께 속한 사람은 아니라고 경고하셨다. 그들의 열매로 그들을 안다는 말씀마 7:16 참고 을 기억하며, 우리는 사람들의 말과 행동을 점검하여 그들이 어떤 열매를 맺는지를 봐야 한다.

하루는 아들이 나에게 아침에 남긴 타코를 먹어도 되느냐고 물어보았다. 식탁 위에 놓인 타코는 먹음직스러워 보였지만, 아무리 겉으로는 멀쩡해 보여도 만든 지 오래되었기에 속이 어떤지 알 수 없었다. 눈에 보이지 않는 박테리아가 우글거릴 수도 있어서, 아들의 타코를 먹고 싶다는 갈망의 결과가 좋지 않을 수도 있었다. 아이는 아이로서 갈망을 했고, 나는 어른답게 생각했다. 바울은 우리가 어렸을 때는 아이처럼 생각하지만 어른이 되면 생각이 달라져야 한다고 말했다.고전 13:11 더욱 포괄적인 시각을 가져야 한다.

갈망의 세 가지 근원

모든 갈망이 다 선한 것은 아니다. 어떤 갈망의 선과 악은 그것이 어디에서 왔는지에 따라 결정된다. 갈망의 첫째 근원은 바로 우리의 죄 된 본성이다. 바울은 열매를 보면 이를 알 수 있다고 말했다.

> 육체의 일은 분명하니 곧 음행과 더러운 것과 호색과 우상숭배와 주술과 원수 맺는 것과 분쟁과 시기와 분냄과 당 짓는 것과 분열함과 이단과 투기와 술 취함과 방탕함과 또 그와 같은 것들이라 갈 5:19-21

이 갈망들은 세상의 욕망과 연결되어 있다. 세상적인 욕망들은 개인의 인생, 결혼, 교회, 지역, 기업, 문화를 사정없이 파괴한다. 사실 그 때문에 그동안 교회는 모든 욕망과 아예 거리를 두려고 해왔다.

갈망의 두 번째 근원은 사탄에서 비롯된다. 성경은 "오직 각 사람이 시험을 받는 것은 자기 (악한) 욕심에 끌려 미혹됨이니" 약 1:14 라고 말한다. 갑자기 솟구쳐 오르는 욕망을 느낀 적이 있는가? 분명 있을 것이다. 성적 욕구, 이혼 충동, 술을 진탕 마시고 싶은 기분, 사표를 던지고 싶은 마음, 자살 충동, 누군가를 마구 때리고 싶은 마음 등이 올라올 때, 그 갈망은 매우 실제적으로 느껴질 것이다. 그러나 잠시 멈추고 생각해 본다면 이 모든 게 결코 이성적인 행동이 아님을 깨닫게 된다. 사도행전 5장에는 땅을 판 돈을 교회의 사도들에게 드리려고 온

부부가 나온다. 그러나 사탄의 유혹을 받은 그들은 돈의 일부를 몰래 감추어 놓고서 전부 가져온 양 거짓말을 한다. 그리고 이렇게 사탄이 마음에 넣어 준 갈망을 받아들인 결과는 좋지 않았다.

나도 예전에 먼 곳으로 강연을 다닐 때 종종 포르노를 보고 싶은 욕망이 갑자기 올라왔다. 그 욕망을 촉발할 만한 것을 전혀 보지 않았는데도, 그런 마음이 뜬금없이 생겨나서 나를 끈질기게 괴롭혔다. 이 거룩하지 않는 갈망과 싸우는 동안, 나는 갈망을 잠재워 보려고 노력했지만 아무 소용이 없었다. 이 마음은 나로부터 나온 것이 아니었던 것이다. 하지만 내 마음과의 싸움에서 원수와의 싸움으로 그 방향을 바꾸자, 욕망은 사라졌다. 원수는 내 주의를 흐트러뜨려서, 내 마음이 하나님과 소명에 무뎌지도록 방해 공작을 펼쳤던 것이다.

갈망의 또 다른 근원은 눈에 잘 띄지 않는 것인데, 바로 우리가 살아오면서 얻게 된 깊은 상처와 아픔들이다. 말로 또는 육체적으로 또는 상황 때문에 생긴 모든 상처는, 우리 안에 무언가를 피하고 싶다는 갈망과 전략을 만들어 낸다. 이런 갈망은 마음속 매우 깊은 곳에 자리하며, 마치 우리 자신의 자연스러운 마음인 것처럼 느껴지기도 하고, 아주 다양한 요인들로 촉발되기 때문에 진짜 갈망과 구별하기가 매우 어렵다. 나에게도 이런 면이 있다. 나의 어떤 부분은 삶에 대해 무척 냉소적이고 모든 상황과 사람을 의심의 눈으로 조사하며, 신뢰와 교제를 일단 유보한다. 많은 사건과 상처들 흘러들어와서, 내 영혼을 악취가 나는 불신의 강으로 만든 것이다.

어린 시절에 아버지께서 TV시리즈 〈라이플맨〉에 나오는 주인공의 멋진 총과 똑같이 생긴 장난감 소총을 사 주신 적이 있다. 내가 받은 선물 중 다섯 손가락 안에 드는 최고의 선물이었다. 그 총을 손에 쥐고 있으면, 가족을 사랑하고 악당들을 슬기롭게 무찌르는 주인공 척 코너스가 된 것만 같았다. 그러던 어느 날, 며칠 동안 집에서만 갖고 놀던 총을 친구의 집에 가져갔다. 친구는 내 총을 보며 감탄하더니 한 번만 들어 보게 해 달라고 졸랐다. 그런데 친구가 갑자기 그 총을 나무에 던지는 게 아닌가. 총은 즉시 뚝 하고 부러졌다. 그러나 아버지는 친구를 혼내거나 새 총을 사 주지도 않고 그저 가만히 계셨고, 소중한 내 총만 없어져 버렸다.

다른 사람들에게는 이런 일이 대수롭지 않은 사건으로 보이겠지만, 어린아이에게는 전혀 그렇지 않다. 그 후로 내 안의 무언가가 달라졌다. 불안한 세상에서 안전하고 싶다는 갈망이 생겨났다. 모든 일의 진정성과 진위를 분석하려고 하기 시작했다. 물론 이런 내 태도가 좋다고만은 할 수 없다. 사람들을 불신하고 멀리하게 되기 때문이다. 하지만 이런 갈망까지도 내 영광의 일부다. 이에 대해서는 다음 장에서 좀 더 설명하겠다.

마지막으로, 우리의 영광을 선명히 보여 주는, 하나님께서 주시는 진짜 갈망이 있다. 이 갈망의 근원은 바로 우리의 마음이다. 여기에서 잠시 '마음'(heart)의 뜻을 명확히 정의할 필요가 있다. 여기서 내가 말하는 마음은 흔히 생각하듯 머리와 구분되는 감정이 아니다. 나는 성경에 사용된 히브리 관점의 마음을 말하고 싶다. 즉, 우리의 가장 진실하고 깊은 부분, 곧 영혼(soul)이다. 마음은 우리가 믿고 롬 10:9 용서하고 마 18:35 일하고 골 3:23 제대로 보고 엡 1:18 선과 악이 나오는 눅 6:45 곳이다. 또 마음은 우리가 지켜야 하고 잠 4:23 예수님이 들어오셔서 치유와 회복과 해방을 행하시는 사 61 곳이다. 우리의 마음이야말로 진정한 우리다. 구원받고 새로워진 우리의 마음속에 우리의 진짜 갈망들이 저장되어 있기 때문이다. 구약에서 하나님이 하신 말씀을 보자.

> 내가 그들에게 한 마음을 주고 그 속에 새 영을 주며 그 몸에서 돌 같은 마음을 제거하고 살처럼 부드러운 마음을 주어 내 율례를 따르며 내 규례를 지켜 행하게 하리니 그들은 내 백성이 되고 나는 그들의 하나님이 되리라 겔 11:19-20

신약에서는 이 "한 마음과 새 영"이 하나님에게서 온다고 말한다.

> 너희 안에서 행하시는(능력과 소원을 창조하고 힘을 주시는) 이는 하나님이시니 자기의 기쁘신 뜻(만족과 즐거움)을 위하여 너희에게 소원을 두고 행하게 하시나니 빌 2:13

따라서 우리는 "무슨 일을 하든지 마음을 다하여 주께 하듯 하고 사람에게 하듯 하지 말"골 3:23아야 한다. 이 책에서는 욕망이라는 주제를 깊이 다루지 않기 때문에, 이에 대해 더 알고 싶다면 존 엘드리지의 《인간의 욕망》(포이에마 역간)을 읽어 볼 것을 추천한다.

지금까지 살펴보았듯이, 갈망은 성격이나 은사를 파악하는 지표가 아니다. 갈망은 우리의 영광이나 소명을 이해할 수 있는 열쇠다. 그리고 이 갈망을 잘 다루려면 이해와 분별과 기지와 힘, 다시 말해서 성숙이 필요하다.

대적은 우리가 삶에서 경험한 많은 일로 우리의 갈망과 열망을 잠재우거나, 우리가 그 갈망과 멀어지도록 공격한다. 우리가 속해 있는 하나님의 위대한 이야기 안에서 우리 각자의 영광이 중요하기 때문이다. 실제로 많은 사람이 자신이 무엇을 원하는지 모르며, 무언가에 대해 깊은 감정을 느끼지도 못한다고 말한다. 그들이 느끼는 감정이라고는 상실과 혼란과 분노뿐이다. 이런 상황에서 우리는 어떻게 해야 하는가? 그리고 하나님은 어떻게 하실까?

깨어나라, 깊어지라, 성취하라

> 시온이여 깰지어다 깰지어다
> 네 힘을 낼지어다
> 거룩한 성 예루살렘이여
> 네 아름다운 (영광의) 옷을 입을지어다 사 52:1

하나님은 자신의 백성을 향해 "깨어나라. 그리고 네 영광 안에서 걸어가라!"고 외치고 계신다. 우리가 자신의 갈망에 관심을 갖지 않기 때문에 마음속 갈망에 대해 깨어나라고 말씀하시는 것이다. 물론 우리의 갈망이 완전히 죽어 버린 상태인 것은 아니지만, 우리는 '세상모르고 잔다'는 말처럼 주변에서 일어나는 일을 의식하지 못할 정도로 너무 깊이 잠들어 있다.

우리의 진정한 갈망은 결코 사라지지 않는다. 그 갈망은 우리의 존재 안, 곧 우리의 마음에 새겨져 있기 때문이다. 다만 그 갈망들을 잠재울 수는 있다. 그렇기 때문에 하나님은 우리의 갈망을 다루시고, 우리의 영광을 자라게 하신다. 하나님은 열망을 깨우고 깊어지게 하고 성취하신다.[3] 이 과정을 알게 되면 우리 삶의 많은 의문이 해결되며, 우리의 여정도 더욱 분명해진다.

결코 피해 갈 수 없는 본질이나 자주 간과되는 진실이 있는데, 하나님은 '우리의 갈망들을 성취시키는 일'보다 '그것들을 일깨우고 깊어지게 하는 일'에 더 많은 시간을 할애하신다는 사실이다. 왜 그럴까? "마음에 쌓은 선에서 선을 내고"눅 6:45 "착하고 좋은 마음으로 말씀을 듣고 지키어 인내하는"눅 8:15 선한 사람은 "삼십 배나 육십 배나 백 배의 결실"막 4:20 을 맺는다. 추수보다는 파종과 재배에 시간이 많이 걸리는 법이다. 하지만 이 사실을 모르면, 일정 수준의 성과를 거두지 못하거나 우리의 갈망을 흔듦으로써 성장의 발판이 되어 줄 수도 있는 상황을 실패라고 성급히 오판할 수 있다. 씨앗을 심고 물을 주자마자 곧

바로 싹이 돋아나지 않으면 금세 포기하려 드는 아이들처럼, 우리도 멀리 보지 못하고 성급히 실망하는 경우가 많다.

깨어나기

내 친구 한 명이 오십대 이상의 사람들을 대상으로 사역을 시작하게 되었다. 나에게는 삶의 여러 단계에 대한 지식과 경험이 있었기에, 그와 함께 오랜 시간 오십대 이상의 사람들에게 무엇이 도움이 될지를 논의했다. 그리고 이야기 끝에, 그들이 지금까지 인생을 통해 경험하고 학습하고 습득한 모든 것을 충분히 활용하여 다음 세대에게 전함으로써 하나님과 걸어가는 삶을 살도록 도와주는 것이 좋겠다는 결론을 내렸다. 당시 나는 전혀 다른 일을 하고 있었지만, 그와 이 주제에 대해 대화를 나누고 사역 전략을 짜는 가운데 가슴이 뛰는 것을 느꼈다. 그런데 며칠 뒤 친구가, 지금 하는 일을 그만두고 자신과 함께 사역할 생각이 없느냐고 제안해 왔다. 나는 상사에게 친구와 나눈 대화에 대해 설명하고 그 사역에 합류하고 싶다는 의견을 전했다. 그러자 그는 이렇게 대답했다. "게리, 그런 종류의 일이 자네와 잘 맞기는 해. 하지만 그 사역의 방향은 자네가 알고 있는 것과는 다른 것 같네. 그 친구의 사역은 소명이 아닌 노인 복지에 초점을 맞추고 있거든."

사실 내 상사는 친구가 내게 말해 주지 않은 정보까지 이미 알고서 나에게 충고를 해준 것이었다. 그래서 나는 결국 그 제안을 거절하기로 했다. 하지만 마음속에는 이게 무슨 일인가 하는 의문이 생겼다. 내가 그토록 하고 싶은 일을 할 기회가 드디어 눈앞에 다가온 것 같았는데, 순식간에 없는 일이 되어 버렸다.

하지만 왜 이런 일이 생긴 것인지 하나님께 여쭤 보았을 때, 하나님은 오히려 이렇게 반문하셨다. "너의 갈망을 느낄 수 있었니?"

종종 하나님이 질문으로 대답을 대신하실 때가 있다. 질문에는 우리 마음에 동기를 부여해 주는 힘이 있기 때문이다. 성경에도 예수님이 질문으로 대답하시는 경우가 많이 나온다. 나는 자연스레 이렇게 대답했다. "네, 그런 일이야말로 평생 하고 싶은 일이에요." 그러자 하나님은 이렇게 대답하셨다. "잘 기다리고 있어. 곧 하게 될 거야."

〈노아 디어본의 단순한 삶〉(The Simple Life of Noah Dearborn)이라는 영화가 내 마음을 뒤흔들어 놓았던 적이 있다. 별로 알려지지는 않았으나 매우 심오한 이 영화는, 자신의 삶이 가진 빛과 능력을 주변에 아낌없이 베풀면서 자신의 영광을 마음껏 발휘하는 한 평범한 남자의 이야기다. 그의 순전함과 자족하는 마음, 아름다운 삶의 열매를 보면서 어떤 사람들은 자신도 자기 삶의 자리를 찾고 싶다는 마음을 가졌다. 하지만 어떤 사람들은 분노했다. 자신은 노아가 발견한 것을 아직 가지지 못했기 때문이다. 솔직하고 겸손하고 친절한 노아는 다른 사람들과 다른 삶을 살았다. 그의 마음에는 무언가 특별한 데가 있었다. 나는 영화를 저녁에 보고 다음날 아침에 또 보고, 그 후에도 여러

번 더 보았다. 단지 줄거리가 좋고 괜찮은 영화여서가 아니었다. 그 영화 안에 무언가 나를 향한 하나님의 뜻이 있다는 것을 느낄 수 있었기 때문이다. 그 영화를 통해 내 마음속에 잠들어 있던 깊고 오래되고 진실한 갈망, 즉 사람들이 명확하고 진실하고 의지적인 삶을 살도록 돕고 싶다는 갈망이 깨어났던 것이다.

하나님이 일깨우시는 것에 대해 민감하게 반응하라. 갈망이 깨어날 때 그것을 폄하거나 시간 낭비일 거라고 일축하지 말라. 갈망을 일깨우는 일은 소명으로 가는 여행에 반드시 필요하다. 그러나 그것만으로는 아직 우리의 삶을 설명하기에 부족하다. 사도 바울의 말처럼 "모든 선한 일에 열매를 맺"골 1:10 으려면, "모든 신령한 지혜와 총명"9절 이 필요하다. 자신의 갈망이 무엇인지 처음부터 느끼거나 깨닫기란 생각처럼 쉽지 않다. 그리고 우리의 갈망의 참모습은 처음에 드러나는 모습과는 다른 경우가 많다. 그래서 하나님은 일단 우리의 갈망이 깨어나면, 이제 그것을 더욱 깊어지게 하신다.

깊어지기

앞에서 하나님께서 체육관 운영에 대한 내 갈망 뒤에 숨은 진짜 갈망을 알려 주신 과정을 설명했다. 나는 내 마음의 갈망은 특정한 활동이나 직업이라고 생각했다. 그리고 당시 내 생각으로 그것은 물론 체조였다. 그런데 하나님은 내 마음의 진짜 갈망은 체조라는 운동 자체가 아니라, 체조와 관련된 무언가임을 알려 주셨다.

직업이나 지위는 우리 각자의 삶이 지닌 무게를 실어 놓아야 하는 임무에 불과하다. 하나님은 내 마음의 갈망이 무엇인지 일깨우고 이것을 더욱 깊어지게 하기 위해, 체조와 AIA에서의 직책이라는 도구를 사용하셨다. 그러나 '깊어지는' 과정은 그때 막 시작되었을 따름이었다. AIA 사역을 그만두는 쪽으로 마음이 정해지자, 이 깊어지는 과정은 더욱 심화되었다. 나는 상사에게 새로운 일을 하기 위해 사임을 해야겠다고 말했고, 감사하게도 그는 내가 새 직장을 찾는 3개월 정도 동안 프로젝트를 하나 맡을 수 있게 배려해 주었다.

사실 나는 하나님이 인도하시는 대로 결정했기 때문에 곧바로 새로운 일이 주어지리라고 생각했다. 하지만 몇 주가 가고 몇 달이 지나도 아무런 제안이 들어오지 않았다. 어떤 제안이 하나 들어오긴 했지만, 나와 상관이 없는 일이었다. 내가 평생 쌓은 능력을 투자해야 할 수 있는, 나만이 할 수 있는 일이 아니었다. 나는 '하나님이 말씀하신 내 모습을 신뢰하면서 계속 기다릴 것인가' 아니면 '위험 대신 안전을 택할 것인가' 사이에서 결정해야 했다.

여기서 일단 두 가지 사실을 분명히 말하고 싶다. 우선 당시 나는 가족을 부양하기가 어려운 상황이 아니었다. 혹 생계가 어려웠거나 하나님이 다르게 말씀하셨다면, 다음 자리로 가기까지 서둘러 임시직이라도 구했을 것이다. "누구든지 자기 친족 특히 자기 가족을 돌보지 아니하면 믿음을 배반한 자요 불신자보다 더 악한 자니라"딤전 5:8는 말씀처럼, 자신의 믿음을 따르기 위해 가족을 재정적으로 어렵게 한다면 이는 믿음을 배반하는 일이다. 또한 하나님은 때로는 시험과 역경을 통해 우리를 깊어지게 하시는 분이라는 것도 말해 두고 싶다. 시험을 당했을 때 그 시험이 본래의 목적을 얼마나 달성하느냐에 따라 우리는 "온전하고 구비하여 조금도 부족함이 없는"약 1:2-4 사람이 된다. 우리가 하나님이 예정하신 삶을 살 때, 그분은 우리에게 필요한 모든 것을 공급해 주신다. 그 사실을 잊지 말라.

어쨌거나 그 일자리를 제안받은 후, 나는 아무 일도 구하지 못하거나, 하나님이 시간을 오래 끄시거나 엉뚱한(?) 길로 인도하실 때를 대비하여, 그 제안을 최후의 보루로 생각하기로 했다. 그런데 다음날 아침에 기도하는 가운데, 이 제안을 포기하지 않으면 하나님께서 다음 일로 인도하지 않으실 거라는 마음이 들었다. 나는 곧바로 전화해서 내 이름을 지워 달라고 말했다. 그리고 놀랍게도 몇 시간 뒤에 한 친구에게서 전화가 왔는데, 자신이 일하는 기관에 자리가 났으니 면접을 보러 오지 않겠느냐는 것이었다.

그리고 나는 그 일이 하나님의 위대한 이야기 안에서 내 삶이 가진 영광을 위해 하나님이 원하시는 다음 임무임을 감지할 수 있었다. 두 가지 이유에서 그것을 확신할 수 있었는데, 첫째로 그 일에 필요한 자질과 능력을 내 삶 가운데서 발견할 수 있었고, 둘째로 하나님께서 내 마음속에 '바로 이것이란다'라는 음성을 들려주셨기 때문이다. 그래서 나는 그 제안을 받아들였다.

하지만 만약 내가 이후의 1년 반의 삶이 어떠할지를 미리 알았다면, 다른 선택을 했을지도 모른다. 그러나 그 모든 과정이 끝난 후의 결과 또한 무엇일지 미리 알았다면, 아마 좀 더 열정을 가지고 기쁜 마음으로 그 일을 했을 것이다.

에베소 교회를 향한 바울의 기도를 기억하라. 그는 하나님이 우리 마음의 눈을 밝히셔서 그의 부르심의 소망이 무엇인지 알게 하시기를 간구한다고 했다.엡 1:18 참고 우리는 장차 우리의 영광에 관해 무엇을 발견하게 될지, 또 그 과정에서 우리의 마음이 어떻게 성장할지에 관해 계속해서 소망하고 기대해야 한다.

내 갈망이 더욱 분명하고 더욱 순전해지도록, 하나님은 1년 반이라는 시간 동안 나를 그 갈망에서 잠시 떨어져 있게 하셨다. 나는 협력 관계에 있는 기관들이 목적을 찾아 전략을 세우고 안정을 찾도록 도와주는 역할로 채용되었다. 이는 내 삶이 가진 영광과 일치하는 일이었다. 하지만 한동안 공공정책 문제라는 미로에 빠져서 헤어나올 수가 없었다. 관련하여 읽어야 할 책과 공부할 자료가 엄청났고, 다른 직원과 동행하면서 일을 배워야 했으며, 회의에도 꼬박꼬박 참석하면서 공공정책 문제에 대한 회사의 입장을 익혀 나가야 했다. 이런 훈련 기간에 나는 내가 좋아하는 일과 완전히 멀어졌고, 별로 내키지 않는 일을 하느라 진이 빠졌다. 그러다 보니 나중에는 내가 누구인지도, 내가 무엇에 신경을 쓰고 관심이 있는지도 잊어버렸다.

한번은 이런 훈련을 위해 출장을 떠난 적이 있었는데, 모임 중 관련 기관 이사회의 어느 임원 옆에 앉게 되었다. 식사를 마친 후 의장이 기도모 모임을 마치자고 했는데, 갑자기 내 옆에 앉은 그 임원이 벌떡 일어나더니 이렇게 기도했다. "하나님, 게리가 눈에 띄지 않고 무가치한 것 같고 혼란스러운 듯한 이 시기를 잘 견디도록 도와주십시오. 이 모든 훈련을 통해 하나님께서 게리를 위해 계획하신 일이 이루어지기를 원합니다." 나는 그에게 내가 요즘 어떻게 지내는지 한 마디도 하지 않았는데, 그는 정확히 꿰뚫고 있었다. 하나님은 자신이 모든 일을 주관하고 있으니 그곳에서 끝까지 버티라는 그 말을 듣게 하고자, 나를 거기까지 보내셨던 것이다. 덕분에 나는 더욱 인내함으로 그 시기를 견딜 수 있었다.

그곳에서의 1년 반이라는 시간이 지나자, 나는 내가 정말 누구인지를 다시 깨닫게 되었을 뿐 아니라, 매우 중요한 사실을 세 가지 더 깨닫게 되었다. 첫째, '나의 소명'과 '내 삶을 어디에 사용하고 기여할 것인가'는 서로 의존적인 것이 아니라는 점이었다. 이는 최적의 일자리를 제안받는 것과는 다른 문제였다. 나의 소명은, 내가 어디에 있든 그곳에 내 삶의 무게를 제공하는 것이었다. 둘째로 깨달은 것은, 개인과 조직을 대상으로 명확한 초점과 계획을 제시하고자 하는 내 갈망이 얼마나 깊고도 진정한 것인가였다. 그 갈망은 주변 상황과는 상관이 없었다. 아무리 혼란스럽고 안개만 자욱한 것 같아 보일지라도, 나에게는 언제나 변하지 않는 열망이 있었다. 셋째, 나는 내가 지금 자신의 이기적인 유익(인정, 포함, 칭찬, 존경)을 위해 내 영광을 사용하고 있는지, 아니면 타인의 유익을 위해 내 삶을 아낌없이 내어 주고 있는지를 스스로 분별할 수 있게 되었다. 한 번 자신의 갈망에서 멀어졌다가 다시 돌아간 사람은 훨씬 솔직하게 자신의 갈망을 관찰할 수 있고, 무엇이 그 갈망과 관계된 것인지 볼 수 있게 된다.

당신이 창조된 목적은 소원이라는 형태로 당신의 마음에 기록되어 있다. 그렇기에 당신의 마음과 소원을 향한 공격은 끊이지 않는다. 그리고 이런 공격이 있기에 하나님은 계속 우리의 소원을 일깨우신다. 하나님이 일깨워 주시는 것을 폄하하거나 시간 낭비로 치부하지 말고 깨어 있자. 물론 소원을 깨달았다고 해서 그것을 곧바로 삶에 적용할 수는 없다. 하나님께서 그 소원에 대한 이해의 깊이를 더해 주셔야 한다. 소원을 간직하면서 살기 위해서는 어리석고 순진하게만 있으면 안 된다. 지혜로워야 한다. 모든 소원이 선하고 숭고한 근원에서 출발하는 것은 아니다. 모든 갈망의 실체가 처음 생각했던 모습 그대로인 것도 아니다. 그렇기에 하나님은 계속해서 우리의 소원과 갈망이 더욱 분명하고 순전해지도록 이끄신다.

PART 8

나의 갈망을 판독하기

삶에 귀를 기울이라.
흥분과 기쁨 가운데뿐 아니라
권태와 고통 속에도 깃들인
알 수 없는 삶의 신비를 바라보라.

-프레데릭 뷰크너-

우리는 우리보다 우리 삶을 더 잘 알고 더 기대하며 놀라운 지혜와 통찰력을 가진 현자가 나타나서 이렇게 말해 주기를 고대한다. "이제부터 네가 가야 할 길을 알려 주마. 내가 너를 위해 항상 조언해 주고 너를 지켜 주겠다." 우리는 믿을 만하고 마음이 순전한 사람에게 깊이 이해받기를 바라고, 이 여행이 끝날 때까지 그가 항상 곁에 함께해 주기를 바란다. 누군가의 인도와 동행을 기대하는 것이다.

우리를 친밀하게 알고 정확하게 인도해 주는 사람을 어디서 찾을 수 있을까? 확실히 우리에게는 그런 사람이 필요하다. 하나님은 "내가 네 갈 길을 가르쳐 보이고 너를 주목하여 훈계하리로다"시 32:8 라고 하셨다. 하나님은 우리가 무엇을 하도록 창조되었는지 아신다. 우리 마음에 갈망이라는 형태로 무엇이 적혀 있는지도 아신다.

내가 대형 기독교 단체에서 일할 때, 하루는 부대표 중 한 분이 내게 주말에 있을 임원 회의를 주재해 달라고 부탁했다. 내가 전략 기획에 일가견이 있다는 이야기를 들은 듯했다. 그는 대표의 뜻은 모든 임원이 적극적으로 기획에 참여하고 모든 과정이 순조롭게 진행되는 것이라는 말도 덧붙였다. 나는 수락 여부에 대해 다음날 아침에 답을 해도 될지 양해를 구했다. 마음 한편에서는 놓쳐서는 안 될 좋은 기회인데 굳이 그래야 하느냐는 마음도 들었지만, 그래도 이 문제를 놓고 기도해 보고 싶었기 때문이다. 그리고 그날 저녁 차를 타고 집에 가는 길에 예수님께 이 일을 맡아도 괜찮을지 질문드리자, 예수님은 오히려 이렇게 반문하셨다. "다른 조직에서 이 일을 해 달라고 부탁한다면 했을 것 같니?" 나는 즉시 대답했다. "아니요. 별로 하고 싶지 않았을 겁니다." 예수님은 다시 질문하셨다. "그러면 이번 일은 왜 하고 싶으냐?" 이런 마음이 들었다. "주요 임원들 앞에서 제 능력을 발휘할 수 있으니까요." 예수님의 질문을 받기 전까지 나는, 내 안에 사람들의 눈에 띄기를 원하고 높은 사람들의 인정을 바라는 마음이 있음을 알지 못했다.

하나님은 우리 마음의 소원이 무엇인지 판독해 내는 방법을 알려 주신다. "나무는 각각 그 열매로 아나니…선한 사람은 마음에 쌓은 선에서 선을 내고." 눅 6:44-45 우리가 세상에 풀어내는 선한 일은 우리 마음 안에 있는, 아직 발굴되지 않은 보물과도 같다. 그리고 우리는 그 영광을 발견해 낼 수 있다.

바울은 데살로니가의 교인들에게 보내는 편지에 이렇게 적었다. "이러므로 우리도 항상 너희를 위하여 기도함은 우리 하나님이 너희를 그 부르심에 합당한 자로 여기시고 모든 선을 기뻐함과 믿음의 역사를 능력으로 이루게 하시고." 살후 1:11 하나님이 우리가 하고 싶어 하는 선한 일들을 일깨워 주시고 깊어지게 하실 때, 우리는 어디를 바라

봐야 할까? 어디에 관심을 집중해야 할까?

마음의 소리를 듣기: 갈망의 발견

관심 VS 압도적인 갈망

우리는 삶에서 많은 필요와 문제를 접한다. 갑자기 나타났다가 금세 사라지는 필요가 있는가 하면, 우리의 관심을 불러일으킬 뿐 아니라 우리를 뒤흔들어 놓는 문제도 있다. 다큐멘터리나 심층 취재 프로그램이 쏟아지고 인터넷 검색이 너무나 흔해진 이 시대에는 특히 그렇다. 날마다 노숙자, 폭력, 복음전도, 에이즈, 교육, 중독, 정치, 빈곤 등 수많은 강렬한 주제에 관한 정보들이 우리에게 폭격하듯 쏟아부어진다. 물론 이들은 하나같이 중요하며 시의 적절한 필요들이다. 그러나 인간의 마음이 품을 수 있는 필요에는 한계가 있기 때문에, 우리가 추구하도록 예정되지 않은 필요들은 마음에서 내보내야 한다.

하지만 마음에서 완전히 내보내 버릴 수 없는 필요들도 있다. 이들은 쉬지 않고 자신을 드러낸다. 그 무엇도, 그 어떤 상황도 이런 필요를 막지 못한다. 사람들 각자에게는 남들에게는 없는 '자신만의 눈과 귀'가 있다. 서점에 가면 자신도 모르게 향하게 되는 코너가 있다. 뉴스를 보다가 갑자기 소리를 키우게 되거나, 옆사람에게 잘 안 들리니 조용히 하라고 말하게 되는 소식들이 있다. 어떤 기사는 두세 번, 심지어 네 번까지 읽는다. 내가 오랫동안 소명에 대해 연구한 이유는 내가 소명과 관련된 일을 해서도 아니고, 내가 누구인지를 도무지 알 수 없어서도 아니다. 내 안의 깊은 열망과 호기심 때문이다. 앨버트 아인슈타인은 "호기심에는 나름의 존재 이유가 있다"고 말했다. 우리가 어떤 일에 관심을 가지는 데는 분명 이유가 있다. 우리의 호기심은 우리의 참된 갈망과 관련이 깊다.

당신의 갈망이 지닌 힘에 관심을 기울이라. 당신의 마음은 무언가 중요한 것을 보여 주고 있다.

한번은 "유능한 직원을 계속 유지하는 방안"이라는 제목의 세미나에 직원계발 부서 책임자로 참석한 적이 있다. 강연자는 훌륭한 직원을 잘 유지한 예로, 고급 리조트의 레스토랑에서 근무한 지 17년 된 중년의 웨이터 한 명의 사례를 담은 영상을 보여 주었다. 영상을 보는 청중들은 훌륭한 직원을 유지하는 괜찮은 방법이라고 생각하는 듯했지만, 나는 그 웨이터가 왜 좀 더 자신의 참모습에 충실한 일, 좀 더 도전적이고 흥미로운 일로 옮기지 않았을까 궁금했다. 영상이 끝나자 박수가 터졌다. 하지만 나는 화가 치밀었다. '이 사람은 방향을 잃은 채, 방법이 없어 체념한 상태다. 이것은 이 사람을 제대로 도와주는 것이 아니다.' 그 웨이터의 이야기가 머릿속에서 떠나지를 않았다. 세미나는 나에게 예상치 못한 영향을 끼쳤다.

그로부터 6개월 뒤 나에 대한 조사가 진행되고 있다는 경고가 들려왔다. 몇몇 핵심 직원들이 회사를 그만두면서, 전직을 결심하게 된 이유가 소명에 대한 내 강의와 조언을 들었기 때문이라고 말한 것이다. 나는 좋은 직원들이 회사에 남아 있도록 하기보다는 그만두도록 부추기는 사람으로 보였을 것이다. 하지만 나는 내 위치가 불안해져도 상관없었다. 사람들이 자신의 삶의 영광과 임무를 추구하고 계발하도록 도와주고 싶은 갈망에 충실했기 때문이다.

스코틀랜드의 시인 로버트 루이스 스티븐슨은 "당신의 영혼을 살아 숨 쉬게 하려면 세상이 당신에게 강요하는 것을 '아멘'하고 그대로 받아들이지 말고, 당신이 진정 좋아하는 일을 찾으라"고 말했다.[1] 나는 누군가가 건네준 대본대로 사느라 자신의 마음과 영혼을 잃어버린 사람들을 많이 보았다. 자기 마음의 소리를 무시하고 다른 사람들의 기호에 맞춰 사는 사람들이 많다. 아버지의 강요에 못 이겨서 변호사가 되었지만 매일의 출근도 고역이고 퇴근길에도 짜증이 가득한 사람은 과연 행복할까? 지적이고 능력 있는 여성이라면 자신의 행복과 삶의 발전을 위해 직업을 가져야 한다는 말 때문에 날마다 출근을 하는 사람이 있다. 하지만 지난 10년 동안 그녀는 불행했고, 언제나 상실감을 느꼈다. 자신의 갈망을 무시한 선택을 했기 때문이다.

'우리가 하도록 창조된 일'은 바로 '우리가 가장 하고 싶어 하는 일'이다. 인생의 소명은 가장 강렬한 갈망과 가장 좋아하는 일의 형태를 띠며, 당신만의 강렬한 호기심으로 시작될 때가 많다. 진정한 갈망과 열망은 매우 압도적인 것이다. 이는 사도 바울을 보아도 알 수 있다.

> 내가 복음을 전할지라도 자랑할 것이 없음은 내가 부득불 할 일임이라(하도록 강권됨이라) 만일 복음을 전하지 아니하면 내게 화가 있을 것이로다
> 고전 9.16

잠시 여기서 분명히 할 점이 있다. 나는 지금 감정에 이끌리는 삶을 살라고 말하고 있는 것이 아니다. 그러나 자신의 감정을 잘 인식하는 것은 무척 중요하다. 우리의 감정은 무엇이 우리의 마음에 합하고, 무엇이 우리의 마음과 부딪치는지를 말해 준다. 그리고 자신의 감정을 올바로 해석하려면, 무엇보다도 지혜와 계시로 살아야 한다. 그러므로 삶에 나타나는 갈망의 일관성과 강도를 잘 관찰할 필요가 있다.

지속적인 갈망

사람의 참모습은 변하지 않는다. 하나님께서 우리를 창조하실 때 우리가 하도록 예정하신 일은 처음부터 우리의 DNA 안에 들어 있었다. 물론 그 정도는 조금씩 다르겠지만, 당신이 평생 살아가는 동안 오직 당신만이 볼 수 있고 이해할 수 있고 할 수 있는 독특한 일이 있다.

내가 소명에 관심을 가지고 연구한 지도 25년이 넘었다. 그동안 소명이라는 주제에 관한 책은 거의 다 읽었다. 소명을 발견하도록 도와주는 심리분석 도구들도 대부분 해보았다. 누구와 대화하든지 내 관심은 언제나 그들의 소명을 향한다. 돈과 직결되는 일이 아닌데도, 이런 자연스러운 반응을 나도 어쩔 수가 없다. 나는 내 삶의 절반을 이와 같

은 호기심과 함께 살아 왔다.

  C. S. 루이스는 말한다. "나는 경험이 가진 그 솔직함을 정말 좋아한다."[2] 우리의 내면을 정직하고 솔직하게 대변하는 것은 갑자기 생기는 감정이 아닌, 그동안 쌓아 온 경험이다. 나는 핫도그 굽는 냄새를 맡을 때마다 '핫도그가 먹고 싶다'는 생각이 든다. 하지만 경험상 나는 핫도그를 좋아하지 않는다. 한두 개 먹고 나면 이걸 왜 먹었을까 싶다. 이렇듯 경험과 과거는 당신의 갈망을 알려 주는 중요한 정보원이다.

  어느 집회에서 만난 한 남성은 내게 자신의 진로에 대한 좌절과 실망감을 털어놓았다. 그는 어려서부터 음악을 좋아했다고 한다. 다룰 줄 아는 악기도 많았지만, 그의 가장 뛰어난 재능은 각 악기의 소리를 구분해 내는 능력이었다. 눈을 감고 집중해서 음악을 들으면 각각의 연주자가 내는 소리가 어떻게 하나로 모아지는지를 알 수 있었다. 어머니는 아들의 특별한 재능을 알아보았지만, 아버지는 먹고사는 데 도움이 안 되는 재능이라며 무시했다. 나를 만났을 때쯤 그는 음악과 멀어진 지 오래되었지만, 작곡가적 기질은 그의 마음속 어딘가에 계속 자리하고 있음을 알 수 있었다. 대화를 하면서 보니 그가 지금까지 즐겁게 해온 일은 대부분 각 개인의 업무 능력을 파악하여, 그들이 역할을 다 하고 최선의 결과물이 도출되도록 종합하는 일이었다. 마음속 깊이 자리한 그의 진정한 갈망은 지휘자처럼 구성하고 조직하고 연출하는 것이었다. 이는 음악의 영역으로 국한되는 일이 아니었던 것이다. 그는 자신은 평생 어떤 상황에서든 전체적으로 조율하고 종합하는 역할을 해왔다는 사실을 깨달았다. 그의 일관되고 강렬한 갈망은 통합이었다. 그리고 몇 달 뒤에 그에게서 다음과 같은 이메일이 왔다.

> 마치 '투명한 지휘자'와 같이 하나님이 사용하시는 보이지 않는 조력자가 되어야 한다는 깨달음은 정말이지 제 마음을 다시 살아나게 해주었습니다. 찬양인도 사역에서뿐 아니라, 지난 11월에 데이브를 도와서 준비한 집회에서도 이를 느꼈습니다.…데이브가 마음껏 역량을 발휘하고 예배자들이 아무런 방해 없이 강력하게 하나님을 만나도록 모든 일을 순조롭게 준비하는 것이 제 역할이었습니다. 위험 완화, 전략 기획, 계약 협상 등 프로젝트 매니저로서 일했던 과거의 제 경험들이 얼마나 큰 도움이 되었는지 깨닫고 깜짝 놀랐습니다. 더욱 놀라운 점은, 그 모든 일을 하는 동안 스트레스는커녕 오히려 하나님과 동행하고 있다는 느낌을 강하게 받았다는 것입니다. 줄곧 하나님이 인도하셨습니다. 참으로 감사하고 놀라운 경험이었습니다.[3]

우리가 하도록 창조된 일과 우리가 담당할 역할, 즉 우리의 진정한 갈망은 시간이 흘러도 변하지 않는다.

갈망의 이야기: 책, 영화, 캐릭터

또한 우리의 마음은 우리가 무척 좋아했던 이야기들, 그리고 그런 이야기 안에서 우리가 되고 싶었던 등장인물들을 통해 당신의 영광에 대해 이야기한다.

 아내는 언제나 위인들의 이야기에 큰 감동을 받았다. 아이들이 어렸을 때 아내는 종종 29명의 위인 이야기가 담긴 《인권을 위해 싸운 위인들》(Great Lives: Human Rights)이라는 책을 읽어 주었는데, 요즘도 가끔 혼자서 읽는다. 그중 아내가 가장 좋아하는 이야기는 조셉 추장 이야기다. 조셉은 선량하고 명예를 지키는 네즈퍼스 족이라는 인디언 부족의 추장이다. 이들이 바로 굶주린 루이스와 클라크 원정대(미국이 새로 얻은 영토를 조사하기 위해 1804년 토머스 제퍼슨 대통령의 명령으로 미국을 횡단한 탐험대 – 편집자 주)에게 음식을 주었고, 힘세고 용맹스럽기로 유명한 북미 대륙의 토종말 애팔루사(Appaloosa)를 기른 인디언이다. 조셉 추장은 미국인 정착민들이 인디언 거주지를 침해하지 않는 한 정착민의 거주지를 공격하지 않기로 미국 정부와 협정을 맺었다. 그러나 인디언의 땅에서 금이 발견되자, 탐욕스러운 금광업자들이 영토를 침범해 왔다. 정부는 조셉 추장에게 부족을 이끌고 다른 주로 이주하라고 했지만, 그는 아버지와의 약속과 부족민들 때문에 그 요청을 거절했다.

 하지만 군대가 부족민들을 공격할지도 몰랐기에, 그는 결국 자유롭게 살 수 있는 캐나다로 부족을 이끌고 이주하기로 결심한다. 하지만 미국 정부는 그들을 순순히 보내 주지 않았다. 이때 조셉 추장은 역사적으로 매우 보기 드문 리더십을 발휘했다. 그가 이끄는 전사들은 기껏해야 2백 명 정도에 불과했고, 그나마도 상당수가 노인이나 환자였다. 또한 돌봐야 할 여자와 아이들은 5백 명에 달했다. 무기라고는 소총 몇 대와 활과 화살이 전부였다. 반면에 미국 정부군은 거대한 대포와 최신식 무기를 갖추고 있었다.

조셉 추장의 용사들은 전투 기술과 전략도 뛰어났지만, 전투 중에도 숭고함을 잃지 않았다. 그들은 다른 부족들처럼 포로들의 머리가죽을 벗기지 않았으며, 여자들은 정중히 대하고 곧 풀어 주었다. 필요한 물품이 있으면 정당한 대가를 지불하고 구입했다. 건물을 파괴하지도 않았고, 평화롭게 사는 미국 정착민들을 공격하지 않았다. 전투를 하며 캐나다로 이동해야 하던 때는 부족민들에게 무척 힘겨운 시기였지만, 조셉 추장은 부족민들의 마음을 움직여 하나로 결속시켰으며, 계속 앞으로 나아갈 수 있도록 격려했다. 미군의 추격을 받으며 로키 산맥을 넘어 캐나다로 가는 동안에도 추장의 목소리는 사람들에게 용기와 인내를 불러일으켰다. 그의 인디언 이름은 '하인모트 투알라케트', 즉 '산속에서 울리는 천둥'이라는 뜻이다. 이름처럼 그의 말에는 엄중한 무게가 있었고, 그의 삶은 큰 영향력을 발휘했다.

아내가 오랫동안 되풀이해서 읽으면서 좋아했던 또 다른 인물은 코리 텐 붐이다. 그녀는 히틀러가 유태인에게 자행한 탄압과 불의에 끈질기게 저항하며 유태인들을 숨겨 주고, 그 때문에 투옥되어 극심한 고난을 겪는 가운데서도 하나님을 향한 흔들리지 않는 사랑을 간직했던 인물이다. 그녀는 진정한 해방자였다. 아내의 말을 듣거나 같이 대화해 보면, 사람들, 특히 힘겨운 고통을 겪은 사람들이 자유와 생명을 얻도록 돕는 일에 대한 그녀의 열정을 바로 알 수 있다. 역경을 극복한 사람들에 대한 아내의 마음은, 세상에서 그녀가 해야 하는 역할과 하나님께서 그녀에게 예정하신 자리를 알려 주는 지표였다.

앞서 나에게 깊은 감동을 주었던 영화 〈노아 디어본의 단순한 삶〉을 잠시 소개했다. 영화는 주인공 노아가 유서 깊은 한 건물의 문 테두리를 만드는 장면으로 시작한다. 오크 목재를 조각하는 노아를 본 현장 감독은 그의 기술과 정확도에 탄복하며 그를 '목수의 신'이라 부른다. 이 장면을 보는데 갑자기 내 마음속에서 이런 소리가 들렸다. '나도 저런 사람이 되고 싶다. 사람들을 이끌어 주고 싶다.' 장인이나 '목수의 신'을 양성하고 싶다는 말이 아니라, 사람들이 자신의 능력과 빛을 발하고 하나님을 닮은 형상으로 살 수 있도록 돕고 싶었다는 이야기다. 노아는 자신이 무엇을 위해 창조되었는지를 알았다. 그는 자신의 삶으로 세상에 기여하는 방법을 알았으며, 사람들의 기대나 외부의 유혹에 흔들리지 않았다. 노아의 삶은 사람들에게 확고한 삶, 흔들림 없는 삶의 태도와 방식을 향한 갈망을 주었다.

〈베가 번스의 전설〉(The Legend of Bagger Vance)이라는 영화 역시 내가 좋아하는 작품이다. 처음에는 평범한 골프 영화인 줄 알았지만 이는 잘못된 생각이었다. 이 영화는 자신의 영광에 가까이 갔지만 낙심함으로써 그 영광을 잃어버리게 된 레널프 주너라는 사람의 이야기다. 하지만 베가 번스는 주너에게 계속 관심을 두며 그를 훈련하는 가운데 그의 갈망을 일깨워 주고, 그것이 더 깊어지도록 돕는다. 나는 지금까지 이 영화를 열 번도 넘게 보았지만, 베가 번스가 주너에게 하는 행동을 볼 때마다 내 안의 무언가가 확신과 인정을 얻는 느낌이 든다. 이 영화를 보면 번스와 비슷한 삶을 향한 열망이 솟구치고, 그의 삶의 태도를 더욱더 따르고 싶어진다.

갈망의 단어

우리의 마음 안에는 우리의 삶으로 영향력을 끼쳐야 하는 분야를 표현하는 단어들이 꿈틀대고 있다. 한번은 대기실에서 아들의 유도 수업이 끝나기를 기다리다가 벽에 화이트보드가 하나 걸려 있는 것을 발견한 적이 있다. 나는 화이트보드 중간에 줄을 긋고 나서, 왼쪽에는 지난 5년 동안 내가 즐겁게 했던 일을, 오른쪽에는 내가 잘 하고 못하고를 떠나서 별로 즐겁지 않았던 일을 적었다. 다 적은 뒤에 양쪽에서 가장 두드러지는 단어들을 찾아보았다. 신기하게도, 나에게 살아 있다는 행복감을 주는 일을 표현하는 단어들과 나에게 아무 활력도 안 주는 일을 표현하는 단어들은 정반대였다. 왼쪽의 핵심 단어들은 '파악', '초점', '계획', '의도'였다. 10년이 넘은 지금도 이 단어들은 내 마음을 움직이고 흥분시킨다. 이 단어들은 내가 어떤 상황에 처하든 자연스럽게 하는 행동이 무엇인지를 보여 주는 것들이다.

그로부터 1년 뒤, 친구 한 명이 최근 공석이 생겼다며 내게 일자리를 하나 제안해 왔다. 비영리 단체의 대표 자리였다. 마침 그 단체의 회장은 소명에 대한 책을 발표하여 좋은 반응을 얻고 있었고, 그 자리는 내가 원하는 모든 요소를 포함하고 있었다. 그 단체는 전망도 밝고 빠르게 움직이고 있었으며 전략적 사고를 하는 조직이었다. 종교를 지나치게 내세우지 않는 크리스천 창립자와 대표가 있었으며, 직원들과 조직이 자신의 역량을 다할 수 있도록 도와주는 데 중점을 두고 있었고, 재정도 안정적이었다. 리더에게 막중한 책임이 맡겨진 만큼 그에 상응하는 보수 또한 보장되었다. 그러나 그 자리에서 내가 해야 할 일과 나의 갈망의 단어들을 대입해 보니, 그 일은 내가 맡을 자리가 아님이 분명해졌다. 나는 면접을 사양했다. 내 갈망을 표현하는 단어들로써 나에게 주어지는 여러 기회를 검토해 본 덕분에, 나는 직함과 외양, 조직과 보수라는 유혹에 흔들리지 않을 수 있었다.

주변 사람들로부터 듣기: 영광의 발견

우리의 영광은 우리가 보기에 지극히 '평범'하고도 개인적인 것으로 느껴진다. 그래서 종종 우리 자신은 그것을 잘 보지 못한다. 별로 특별한 것도, 이례적이고 특이한 것도 아니라는 생각에 무시하거나 간과해 버리기가 쉽다. 따라서 우리에게는 우리의 영광을 알아차리고 우리에게 말해 주고 설명해 줄 누군가가 필요하다. 대학 졸업 후 처음 정규직으로 일한 회사에서 들었던 말이 지금도 생생하다. 상사는 나에게 세 가지가 있다고 했다. 무엇이 필요한지를 아는 능력(명료성), 필요한 일을 가장 잘 하는 방법(계획), 그 일을 마치는 능력(초점과 의도)이었다.

한번은 누군가에게 이런 말을 들었다. "당신에게는 사람의 소명을 알아보는 능력과 그것을 말하는 권위가 있습니다." 순간 '정말 그럴까?' 하는 생각이 들었지만, 이는 곧 '정말 그렇구나!' 하는 생각으로 바뀌었다. 나는 누군가의 이야기를 듣고 그의 삶에서 소명을 발견하는 일이 즐거우며 어렵지 않다. 그래서 내 능력을 별로 대수롭지 않게 생각했던 것 같다.

C. S. 루이스는 이렇게 말했다. "내 친구들 각자에게는 또 다른 친구만이 이끌어 낼 수 있는 무언가가 있다. 나는 한 친구의 전 존재가 완전히 드러나게 할 수 있을 만큼 대단하지 않다."[4]

우리의 영광을 발견하는 것이 어려운 이유는 그것이 우리에게는 지극히 자연스러운 일이기 때문이기도 하지만, 그 영광에 대한 공격 때문이기도 하다. 그러나 친구들은 우리의 영광을 우리보다 제대로 볼 수 있다. 친구들에게는 우리 삶의 영광으로부터 우리를 멀어지게 하고, 그 영광을 축소시키고 무시하게 만들며 우리를 무자격자라고 비난하는 공격이 없기 때문이다. 우리는 야맹증 같은 것이 있어서, 삶을 가로막는 어둠 속에서 자신을 선명하게 보기가 어렵다. 우리는 "서로 돌아보아 사랑과 선행을 격려하며"히 10:24 "매일 피차 권면하여 누구든지 죄의 유혹으로 완고하게 되지 않도록"히 3:13 해야 한다.

하나님만이 알려 주실 수 있는 것

지혜와 계시의 영

사도 바울은 이렇게 기도했다.

> (하나님이) 너희로 하여금 모든 신령한 지혜와 총명에 하나님의 뜻을 아는 것으로 채우게 하시고 주께 합당하게 행하여 범사에 기쁘시게 하고 모든 선한 일에 열매를 맺게 하시며 하나님을 아는 것에 자라게 하시고 골 1:9-10

하나님이 우리 마음과 이야기에 이미 적어 놓으신 내용들을 정확히 해석하려면 지혜의 영을 받아야 한다. 지혜의 영이 없으면, 그 내용을 발견하더라도 그다음에 해야 할 행동을 알지 못하기 때문이다.

하지만 지혜만으로는 여전히 부족하다. 아직도 알려지지 않은 사실들, 하나님이 보여 주셔야만 하는 사실들이 있다. 우리가 처한 현재 상황, 미래의 일 등 오직 하나님만 아시고 오직 하나님이 말씀해 주셔야만 알 수 있는 사실들이 분명히 있다. 우리는 자신의 능력, 재능, 목적, 열망, 꿈에 대한 통찰이 적힌 페이지를 읽으면서도 어떻게 해야 하는지를 모른다. 여전히 어둠 속에 있기 때문이다.

하나님은 우리의 삶을 위해 직업소개소나 자기계발 연구소를 운영하지 않으신다. 달라스 윌라드가 말한 대로 하나님의 뜻은 우리가 "창조적인 세상의 기업에서 하나님의 동역자로 사는 것"이다. 하나님이 직접 우리의 전체 이야기를 계획하셨으므로, 당연히 하나님이 직접 우리의 역할을 우리에게 말씀해 주신다. 바울은 또한 "우리 주 예수 그리스도의 하나님, 영광의 아버지께서 지혜와 계시의 영을 너희에게 주사 하나님을 알게 하시고 너희 마음의 눈을 밝히사 그의 부르심의 소망이 무엇이며 성도 안에서 그 기업의 영광의 풍성함이 무엇이며… 알게 하시기를 구하노라"엡 1:17-19 고 기도했다.

이 구절에서 무척 중요한 단어는 바로 '지혜와 계시의 영'에서의 '와'(and)라고 할 수 있다. 소명을 추구하는 데 있어서 흔히 범하는 실수는, 지혜가 주는 '능력'이나 초자연적인 계시가 주는 '보장' 중 한 가지에만 의존하는 것이기 때문이다.

'지혜'에만 의존하는 방법은 다양한 테스트, 지표, 평가 도구 등과 연결된다. 이는 '언젠가 책임을 져야 하기 때문에 내가 가진 것으로 최선을 다한다'는 기독교의 청지기적 사고와 관련이 깊다. 하지만 이런 태도는 하나님이 우리에게 개인적으로 친밀하게 말씀하지 않으신다는 잘못된 믿음에서 출발한다.

'계시'에만 의존하는 방법은, 우리 삶에 대한 하나님의 다음 '말씀'을 그저 묵묵히 기다리고만 있는 태도다. 그레이엄 쿡은 "예언은 우리를 현재의 위치에서 하나님이 원하시는 위치로 인도하는 일련의 과정 중에서 그저 시작에 불과하다"고 말했다. 예언은 주로 어떤 일의 불가피성이 아니라, 하나님의 의도를 알려 주는 것이다.

토마스 아 켐피스의 말이다.

사람들의 일에 관심을 가지고 떠들어대면서 자신에게는 특별한 주의를 기울이지 않는다면, 결코 경건한 마음을 얻을 수 없다. 하나님과 자신에게 전적으로 관심을 가져야만 눈에 보이는 자신의 모습에도 의연할 수 있다. 자아를 향하지 않을 때 당신의 생각은 어디에 있는가? 많은 일을 돌아보느라 자아를 돌보지 않았다면 무엇이 남겠는가? 진정한 마음의 평화와 하나로 일치된 인생의 목적을 원한다면, 모든 것을 떨쳐 버리고 자기 자신을 계속 응시해야 한다.[5]

예수님은 "선한 사람은 마음에 쌓은 선에서 선을 내고"눅 6:45 라고 말씀하셨다. 지금까지 살아오면서 가장 강렬했던 열망, 오랫동안 자신을 압도했던 갈망을 찾아 보면, 우리 마음에 쌓은 선(우리의 영광, 영향력)이 무엇인지 구별해 낼 수 있다.

그러나 우리가 스스로 관찰하는 것만으로는 충분하지 않다. 스스로 평범하다고 생각하고 지나치는 것을 대신 알아차려 주고, 영적전쟁을 하느라 시야가 가려지지 않은 주위 사람들의 시선이 필요하다. "서로 돌아보아 사랑과 선행을 격려하"히 10:24 라는 말씀을 실천해야 한다.

다시 말하지만 하나님이 우리 마음에 이미 기록해 놓으신 우리의 이야기를 정확히 해석하려면 지혜의 영이 필요하다. 그러나 지혜만으로는 부족하다. 우리 자신, 우리의 상황, 우리의 미래에 관해 하나님만 알고 계시는 것들이 있다. 우리가 소명을 깨닫기 위해서 반드시 성령님이 보여 주셔야만 하는 것들이 있다.

PART 9

삶의 무게를 견디는 힘

우리는 거대한 사건들,
그리고 작은 사람들의 시대에 살고 있다.

-윈스턴 처칠-

1984년에 로스앤젤레스에서 올림픽이 열렸다. 모든 사람의 이목이 세계 연예오락의 중심지 로스앤젤레스에서 선보일 개회식과 폐회식 행사에 집중되었다. 당시 나는 로스앤젤레스에서 체육관을 운영하고 있었는데, 어느 날 안무가 몇 명이 찾아오더니 혹시 개회식에서 공연할 수 있는 남자 체조선수들이 있는지 물었다. 우리 체육관의 선수들이 개회식 행사에 참여하게 된 덕분에 나도 행사 전체의 준비 과정을 볼 특권을 얻었다.

개회식은 웅장하고 거대한 규모로 기획되었다. 모든 준비는 계획대로 착착 진행되고 있었다. 하지만 단 한 가지 문제가 있었는데, 바로 총감독이 계획한 가장 영광스러운 이벤트였다. 총감독의 구상은, 개회식 후반에 미국 국가가 연주되는 동안 미국의 상징인 흰머리수리가 메인스타디움 상공을 날다가, 국가가 끝날 때쯤 오륜 마크 위에 착륙하는 것이었다.

첫 번째 문제는 흰머리수리를 어디서 구하느냐였다. 그런데 조련사가 어렵게 흰머리수리를 구하고 나자 또 다른 문제가 생겼다. 그 흰머리수리는 부상 때문에 6년 동안 새장에 갇혀서만 지내왔던 것이다. 계획한 대로 개회식에서 성공적인 장면을 연출하려면 오랜 기간의 훈련과 회복이 필요했다.

이쨌든 흰머리수리를 수개월 동안 열심히 훈련시킨 뒤, 마침내 훈련 결과를 테스트하는 시간이 되었다. 조련사는 흰머리수리를 주경기장에 풀어 주었다. 하지만 몇 차례 시험비행을 하는 중에 그만 돌이킬 수 없는 문제가 발생했다. 흰머리수리가 죽어 버린 것이다. 조사해 보니, 혈관허탈(쇼크)과 박테리아 감염이 사인이었다. 결국 총감독의 계획은 실행에 옮길 수 없게 되었고, 안타깝게도 세계인들은 개회식의 백미를 볼 수 없었다.

〈타임〉지는 이 개회식을 다룬 한 기사에서 다음과 같은 조련사의 말을 실었다.

> 그 흰머리수리는 오랫동안 사람들이 먹여 주고 돌봐 주는 가운데 편안하게만 지내다가 비대해져서, 정작 독수리처럼 날아야 하는 순간에 실패하고 말았다.

이 말을 읽는 순간 나는 심장이 멎는 듯한 느낌이 들었다. 이것은 훌륭한 계획이 수포로 돌아간 사건 이상의, 고민해 볼 만한 심오한 문제였다.

우리 삶의 모습도 이 흰머리수리의 사례와 매우 비슷하다는 사실에 주목할 필요가 있다. 하나님이 우리를 창조하신 이유인 거룩한 순간들이 분명 존재한다. 하지만 대개 우리는 그 순간에 필요한 조건을 제대로 준비하지 못하고 있다. 주는 대로 받아먹기만 한 까닭에 살이 쪄서 둔해졌고, 훈련도 부족하다. 마치 앞서 말했던 에이오제로(A&Ox0) 상태, 즉 자신의 이름도, 오늘 날짜도, 현재 위치도 모르고 있는 셈이다.

어윈 맥매너스는 《코뿔소 교회가 온다》(두란노 역간)라는 책에서 이렇게 말했다.

> 우리는 우리 앞에 놓인 거대한 도전에 응할 준비가 아직 부족하다. 위대한 일을 위해 태어났지만, 힘겨운 적과 싸울 준비도, 우리에게 예정된 위대한 꿈을 향해 나갈 준비도 안 되어 있다. 기독교는 쇼생크 감옥처럼 되어서 우리를 가두어 놓고 있다. 구원을 받을 길은 우리가 스스로 세운 이 감옥에서 탈출할 용기를 가지는 것뿐이다.[1]

당신은 당신 앞에 놓인 도전과 탐험, 전투, 당신의 꿈을 위해 외롭게 홀로 훈련해야 하는 것이 아니다. 하나님이 당신과 함께하시며 당신의 성장을 도우신다. 하나님은 또한 당신의 상처와 아픔, 연약함을 잘 알고 계신다.

우리는 하나님이 우리를 위해 계획하신 이야기 안에서 우리 삶의 중요성과 우리의 역할이 지닌 힘을 과소평가하지만, 사탄은 우리를 과소평가하지 않는다. 그래서 사탄은 우리의 마음을 향해 여러 가지 맹렬한 공격을 퍼붓는다. 하지만 하나님도 우리를 결코 과소평가하지 않으신다. 그렇기에, 하나님은 기필코 우리를 훈련하고자 하신다.

능력의 깊이

하나님은 우리 안에 '하나님을 기쁘시게 하는 일을 하는 능력'빌 2:13 참고을 주신다. 그 능력은 꼭 기술이나 지식, 재능을 지칭하는 것은 아니다. 기술이나 지식은 책이나 CD, 세미나, 컨퍼런스, 학교 등 주변에서 쉽게 얻을 수 있는 것이기 때문이다. 우리에게는 모두 어느 정도의 다양한 기술과 지식을 얻을 수 있는 지적 능력이 있다. 만약 위의 말씀에서의 능력이 그런 것을 의미한다면, 우리는 사실 하나님이 별로 필요하지 않을 것이다.

성경은 모든 믿는 사람에게 영적 은사가 있다고 말한다. 만약 많은 사람이 생각하듯 '능력'이 영적 은사로 평가되는 것이라면, 왜 그렇게 많은 그리스도인이 무력하고 파괴적인 삶을 사는 것일까? 말씀에서의 능력은 영적 은사를 일컫는 것도 아니다.

이 능력은 우리 내면에 존재하는 영광의 중심, 우리의 생각보다 훨씬 깊은 곳에 존재한다. '하나님을 기쁘시게 해 드리는 일을 하는 능력'을 보유하는 것은, 자신의 삶의 무게와 자신에게 주어진 위대한 사명을 다룰 줄 아는 사람이 되는 것이다.

우리가 속한 이야기는 그리스도인과 비그리스도인 사이의 재능 경연대회가 아니다. 그런데 많은 사람이 이와 같은 잘못된 생각을 한다. 우리는 유명한 가수, 작가, 배우, 연주자, 운동선수, 정치인, 영화제작자가 앞에 나와서 하나님을 믿게 되었다며 신앙을 고백할 때 환호하며 박수를 보낸다. 그들은 아직 자신이 내린 결정과 위치, 인생에 부과된 무게를 처리하는 방법을 잘 모르고 있지만, 우리는 그들을 위해 기도해 주기는커녕 잔인하게도 지나치게 큰 기대를 보낸다. 재능보다도 더 필요하고 중요한 능력이 있다. 과연 무엇일까?

특수 작전

영국의 수상이었던 윈스턴 처칠은 진격해 오는 적군과 직면했을 때 이렇게 말했다. "우리는 거대한 사건들, 그리고 작은 사람들의 시대에 살고 있다." 이는 영국군을 무시하거나 폄하하는 발언이 아닌, 영국이 직면한 현실을 직시한 발언이었다. 당시의 상황과 그들이 당장 대면하고 있는 적들을 생각할 때, 영국군은 더욱 성장해야 했다. 영국인들은 더욱 큰 사람이 되어야 했다. 큰 사람에게는 작은 사람이 받은 재능보다 더 많은 것이 주어진다.

예수님의 말씀을 보라.

> 내가 너희를 보냄이 양을 이리 가운데로 보냄과 같도다 그러므로 너희는 뱀같이 지혜롭고(조심하고 영리하고 약삭빠르고) 비둘기같이 순결하라(정직하고 거짓을 버리고 정결하라) 마 10:16

예수님은 목자로서 우리를 한데 모아 늑대로부터 보호하지는 않으신다. 오히려 우리를 늑대에게 보내신다. 사명을 완수하고 생존하려면 우리는 영리하면서도 거짓됨이 없어야 한다.

"너희는 세상에 속한 자가 아니요…내가 너희를 세상에서 택하였기 때문에 세상이 너희를 미워하느니라" 요 15:19 라는 말씀이 말하듯, 우리는 적군의 전선 바로 뒤에 살고 있다. 그러나 예수님은 이렇게 기도하셨다.

> 내가 비옵는 것은 그들을 세상에서 데려가시기를 위함이 아니요 다만 악에 빠지지 않게 보전하시기를 위함이니이다…아버지께서 나를 세상에 보내신 것같이 나도 그들을 세상에 보내었고 요 17:15, 18

예수님은 위대한 임무와 목적을 가지고 이 세상에 파견(위임, 배치)되셨으며, 동일한 방법으로 우리를 세상에 보내신다.

우리는 특수 부대다. 적대 지역, 접근금지 지역, 정치적으로 민감한 지역에, 새로운 방법으로 군사적 · 정치적 · 경제적 · 정보적 목적을 달성하기 위해 특별히 조직되고 특별히 훈련된 부대다.[2]

임무, 적군, 전쟁, 훈련, 대비 같은 단어들은 동기부여를 위한 허세나 과장이 아니다. 이 단어들이 말하는 사명은 현실이다. 우리 삶 안의 영광이 현실이듯 말이다.

훈련된 마음

그렇다면 훈련된 마음이란 어떤 모양일까? 자기 삶의 무게를 잘 처리할 수 있는 사람은 어떤 모습일까? 재능보다 중요한 '능력'이란 과연 무엇일까?

달라스 윌라드는 "하나님의 목적은 우리의 성품을 계발시키심으로써 우리가 자신이 원하는 일을 할 수 있는 단계에 이르게 하는 것이다"라고 말했다. 하나님은 우리를 만드셨을 때 우리 마음 깊은 곳에 어떤 일을 하고자 하는 갈망을 심고 자라게 하셨다. 동시에 그 갈망들을 강력하고 효과적으로 실천할 능력이 더욱 깊어지고 넓어지도록 우리를 훈련하신다. 하나님은 우리가 영광 가운데 걷기를 누구보다도 바라신다. 그러나 우리에게 그럴 만한 능력이 있을 때 비로소 그럴 기회를 주신다.

우리 아이들은 어릴 때 자동차를 운전하고 싶어 했다. 나는 그 마음은 충분히 이해했지만, 운전할 수 있는 능력이 생기기 전에 아이들에게 운전을 시킬 수는 없었다. 적어도 엑셀과 브레이크에 발이 닿을 정도로 키가 자라고, 앞도 제대로 볼 수 있어야 운전이 가능했다. 반응 시간도 충분히 빨라져야 했고, 도로 상황을 보는 눈과 생각, 운전 면허도 필요했다. 이 모든 요건이 갖춰져야만 아이들이 원하는 대로 내 차를 내줄 수 있었다.

사도 바울 또한 성도들이 영적으로 일정 수준까지 도달했으면 하는 바람을 편지에 적었다.

> 그러므로 주 안에서 갇힌 내가 너희를 권하노니 너희가 부르심을 받은 일에 합당하게 행하여 모든 겸손과 온유로 하고 오래 참음으로 사랑 가운데서 서로 용납하고 엡 4:1-2

참된 겸손, 온유, 오래 참음, 사랑에는 엄청난 힘이 있다. 이 자질을 갖추지 않은 상태에서 자기 삶의 무게를 세상에 펼쳐 놓을 때, 그것은 세상에 도움은커녕 방해만 될 가능성이 크다.

우리 가족이 캘리포니아 남부에서 콜로라도 주로 이사를 갔을 무렵, 두 사람이 내 삶에 들어왔다. 한 명은 폴 스탠리다. 나는 매주 인간 계발과 리더십이라는 주제에 대한 그의 열정과 능력을 경험했다. 다른 한 명은 브렌트 커티스다. 그는 나와 소그룹 모임과 상담, 휴가 등을 함께하는 동안 '마음'에 대한 열정과 통찰을 내게 부어 주었다. 그들의 삶이 가진 영광은 내 삶의 영광이 성장하는 데 중요한 역할을 했다. 두 사람은 하나님이 계시하신 많은 것을 알려 주었고, 나는 그들에게 받은 것들을 사람들에게 흘려보냈다. 하지만 무엇보다도 내게 인상적이었던 것은, 겸손과 온유와 인내와 사랑으로 하나님께 받은 계시와 능력을 흘려보내던 그들의 삶의 태도였다.

그러나 참되고 강하고 생명을 주는 것이 대부분 그렇듯이, 그런 태도를 얻기까지는 오랜 시간이 걸리고, 쉽사리 얻어지지도 않는다. 그리고 비슷해 보이지만 실상은 전혀 다른 가짜도 있다.

겸손

'겸손'(humility)이라는 말은 그리스도인들이 처음 만든 것이라고 한다. 로마인과 그리스인에게는 겸손이라는 말이 없었다. 그들은 그 단어가 의미하는 태도를 멸시했다. 겸손은 성경에서 자주 사용되는 단어인 '영광'과 비슷한 개념이다. 또한 겸손은 하나님과 다른 사람들과 함께하는 여정에 반드시 필요하다. 하지만 이 겸손이 잘못 이해되는 경우가 많다.

> 아무 일에든지 다툼(selfish ambition, 이기적인 야심)이나 허영(vain conceit, 헛된 자만심)으로 하지 말고 오직 겸손한 마음으로 각각 자기보다 남을 낫게 여기고 각각 자기 일을 돌볼뿐더러 또한 각각 다른 사람들의 일을 돌보아 나의 기쁨을 충만하게 하라 빌 2:3-4

"아무 일에든지 이기적인 야심으로 하지 말라"는 부분에서 '야심', 곧 어떤 일을 잘 하고 싶은 욕구는 별로 문제가 안 된다. 문제는 '이기적인' 야심, 곧 다른 사람보다 더 낫고 싶은 욕망이다. 우리는 더 많은 유명세, 명성, 인정, 평가, 권위, 금전적 보상을 원한다. 이 이기적인 야심이라는 말의 문자적 의미는 '다른 사람과 싸우다', '주제넘게 나서다'이다.

또한 여기서 바울은 '이기적인'을 '야심'과 결합시킨 것처럼, '헛된'(vain)과 '자만'(conceit)을 붙여서 쓰고 있다. 흠정역은 이 부분을 '헛된 영광'(vainglory)이라고 번역했다. 자신의 영광을 삶에서 드러내기 원하는 갈망 자체는 선한 것이다. 앞에서 말했지만 바울은 "하나님께서 각 사람에게 그 행한 대로 보응하시되 참고 선을 행하여 영광과 존귀와 썩지 아니함을 구하는 자에게는 영생으로 하시고"롬 2:6-7라고 말했다. 다만 문제가 되는 것은 허영, 즉 쓸모없는 텅 빈 영광이다.

이기적인 야심을 가지고 헛된 영광을 추구하는 사람은 다른 사람들에게 뛰어나고 귀하고 재능 많고 강한 거물로 보이기를 원한다. 그들의 관심사는 오로지 자기 자신, 그리고 자기의 이익뿐이다. 내 영광으로 인해 사람들이 나에게 무엇을 줄지에 대해 신경을 쓰느라, 내 영광으로 사람들에게 무엇을 줄 것인가에는 관심이 없다. 래리 크랩이 말한 '영적 매춘'(spiritual prostitution)이란, 우리가 원하는 것을 얻기 위해 우리의 재능을 사용함으로써, 본래 의도와는 다른 목적으로 사용하는 것을 의미한다.

겸손에 대해 널리 퍼진 그릇된 견해가 있는데, 겸손이란 자신을 중요하지 않고 불필요한 사람으로 여기고, 자신이 세상에 내놓을 것이 거의 없거나 아예 없다고 생각하는 것이다라는 생각이다. 이런 생각에 붙잡혀 자신을 하나님 나라에 필요한 자산으로 보지 않고 부채로 여기는 사람들이 많다. 그러나 사실 겸손이란 다른 사람들에게 필요한 특별한 것이 나에게 주어졌다는 생각에 가깝다. 바울이 고린도 교회의 성도들에게 한 질문을 보라.

> 네게 있는 것 중에 받지 아니한 것이 무엇이냐? 네가 받았은즉 어찌하여 받지 아니한 것같이 자랑하느냐? 고전 4:7

우리는 세상에 필요한 영광스러운 것을 이미 받았다. 그것을 축소하거나 무시하지 말라. 우리가 받은 것을, 사람들을 위해 하나님이 우리에게 주신 선물로 여기고 그렇게 행동해야 한다.

이렇게 질문하는 사람도 있을 것이다. "그렇다면 '마땅히 생각할 그 이상의 생각을 품지 말고 오직 하나님께서 각 사람에게 나누어 주신 믿음의 분량대로 지혜롭게 생각하라'롬 12:3 는 말씀은 어떻게 해석해야 합니까?" 그러나 자만과 교만에 필요한 해독제는 자기 비하가 아니다. 해독제는 같은 구절에 이미 해답으로 제시되어 있는 '지혜로운 생각'(sober judgment, 술 취하지 않은 판단, 맨 정신으로 하는 생각)이다. 맨 정신으로 판단하라니, 매우 탁월한 비유다. 술 취한 사람은 자신의 능력, 지능, 외모, 영향력을 과대평가하거나 혹은 과소평가하는 경향이 있다. 심하게 과장하거나 반대로 심하게 위축되는 것이다. 어찌되었든 둘 다 사기 자신을 제대로 판단하지 못한다.

우리의 판단은 술이나 마약 때문이 아니더라도 공포, 교만, 수치, 상처, 정죄, 혼란 등 다양한 요인 때문에 손상된다. 이런 영향력 아래 살다 보면 자신을 과장하거나 축소시키게 된다.

매우 자주 겪었기에 지금도 생생하게 기억나는 일이 있다. 종종 나는 회의 중에 몇 시간 동안 한 마디도 하지 않았다. 딴청을 피우고 있거나 내놓을 만한 의견이 없어서가 아니라, 두려움 때문이었다. 내가 그 자리에 있기를 바라거나 내 의견을 바라는 사람은 아무도 없을 거라고 생각했던 것이다. 적어도 한 친구의 말을 듣기 전까지는 그랬다. "자네가 무슨 생각을 하는지는 모르겠지만, 자네가 보고 생각하는 바를 우리에게 알려 주게. 우리는 자네가 필요하네." 마치 진한 커피를 마시거나 찬물로 샤워를 한 것처럼, 그 말을 듣는 순간 술에 취한 듯 멍하던 정신이 번쩍 들었다.

겸손이란 자신의 모습, 영광, 광채, 능력, 무게, 아름다움, 풍성함을 소유하는 것이다. 겸손은 결코 자신을 과장하거나 축소하지 않는다.

필립 브룩스는 다음과 같은 말을 했다.

> 겸손에 이르는 참된 길은 자신의 본래 모습보다 작아지도록 움츠리는 것이 아니라, 더 높은 분 옆에 똑바로 서는 것이다. 그러면 나의 가장 큰 위대

함조차도 사실은 얼마나 왜소한 것인지를 깨닫게 된다.[3]

시어도어 루즈벨트는 잠자리에 들기 전에 밤하늘을 보며 페가수스자리 부근의 가느다란 빛줄기를 찾았다고 한다. "저 은하계는 은하수와 비슷한 크기이지만, 1억 개의 은하계 중 하나일 뿐이다. 그 안에는 우리의 태양보다 훨씬 큰 태양이 1천억 개나 있는 것이다." 침대로 가면서 그는 이렇게 중얼거렸다. "우리는 정말 한없이 작은 존재다."[4]

우리가 살고 있는 이 세상과 이야기 안에는 선하고 참된 모든 것을 본뜬 위조품들이 존재한다. 위조품이란 진짜라고 속이기 위해, 또는 사기를 치기 위해 모방해서 만든 것이다.

겸손의 위조품은 수치심(shame)이다. 수치심을 겸손으로 잘못 이해하고 받아들이는 사람이 많다. 수치심은 그렇게 느끼도록 만든 근거가 타당하든 아니든, 자신을 무가치하고 불명예스럽고 경멸하는 고통스러운 감정이다. 수치심은 겉으로 보기에는 겸손과 비슷한 행동을 일으킨다. 그러나 수치심은 "나는 아무것도 아닌 존재야. 나는 아무것도 하지 못해"라는 확신을 준다. 그래서 수치심 안에 머물러 있는 사람은 위험을 감수하는 경우가 극히 드물고, 다른 사람들과의 관계에서도 언제나 양보하거나 사과한다. 모든 것을 회복시키는 그리스도의 능력에도 불구하고, 많은 사람은 자신이 겸손하다고 착각하는 가운데 사실은 수치심 안에 살고 있다.

핵심적 능력, 겸손

앞서 말했듯이 로마인과 그리스인들은 겸손이라는 개념을 멸시했다. 그들에게 겸손이란 나약함, 무능함, 취약함을 모두 끌어안는 것과 같았다. 이 또한 겸손의 참모습이나, 이런 모습 안에는 놀라운 힘이 있다. 우리의 연약함, 무능함, 취약함 때문에 우리는 하나님께 삶을 맡기며, 이웃과 긍휼한 마음으로 교제하게 된다. 겸손은 주의를 기울이게 하고, 영리하고 기민하게 만들고, 한결같으면서 빈틈없게 하고, 지혜롭게 해준다. 이는 적진 앞에서 사는 데 꼭 필요한 태도이자 기술이다.

성경은 "사람이 교만하면 낮아지게 되겠고 마음이 겸손하면 영예를 얻으리라" 잠 29:23 "그런즉 선 줄로 생각하는 자는 넘어질까 조심하라" 고전 10:12 고 한다.

자신의 영광을 발견하고 계발할 때 도사리고 있는 위험이 있음을 주의하라. 그것은 바로 자기의존, 그리고 타인에 대한 엄격함이다. 자신의 영광 안에 살면서 그것을 표출하는 일은 매우 기쁜 것이지만, 그러다 보면 때로는 무의식적으로 하나님을 의존하는 삶으로부터 우리의 소명을 의존하는 삶으로 옮겨간다. 소명 안에서 살아가는 것이 곧 하나님과 동행하는 삶이라는 말이 언제나 옳은 것은 아니다. 모든 일을 마치고 집을 향해 차를 몰다가 문득 기름이 거의 다 떨어진 채로 한참을 운전했다는 사실을 뒤늦게 깨달을 때가 있다. 분주하게 열심히 일하다 보면 문득 하나님과 따로 시간을 보낸 적이 언제였는지 가물

가물해진다. 결혼이 주는 축복과 안정을 누리다 보면, 아내와 둘만의 데이트를 한 적이 언제였나 싶다. 이처럼 자기의존의 상태가 되어 걸어가다 보면 적에게 매우 취약한 상태가 된다. 자신이 만든 덫에 걸려 빠져나오기가 쉽지 않다. 우리 힘만으로는 절대로 충분하지 않다.

자신의 삶에서 강점과 아름다움과 풍성함을 발견하여 계발하면, 자신이 성공한 영역에서 다른 사람들에게 엄격해질 수도 있다. 무언가를 조직하고 격려하고 분별하고 명시하고 양육하고 이해하고, 연결하는 등 자신의 영광 안에서 하는 행동이 쉽고 자연스럽기 때문에, 그 영역에서 힘들어 하는 사람들에게 가차 없거나 비판적인 태도를 보인다. 노력이 부족한 사람들을 도와주지 않거나, 도와주더라도 멸시하는 태도로 도와주는 탓에 오히려 해가 되기도 한다.

지혜의 중심, 겸손

> 교만이 오면 욕도 오거니와
> 겸손한 자에게는 지혜가 있느니라
>
> **잠언 11장 2절**

토마스 아 켐피스의 말이다. "주 여호와의 방법에 경험이 없는 신참들은 신중한 사람들의 조언을 따르지 않았다가 속아서 넘어지기가 쉽다.…자신이 지혜롭다고 생각하는 사람 중 다른 사람의 인도를 겸손히 따르는 사람은 매우 적다."[5]

자신의 삶에 주어진 역할을 잘 해내면서 살아가려면 많은 지혜가 필요하다. 배움이란 끝이 없는 과정이다. 우리는 보통 다른 사람에게 배운다. 자신의 경험만으로는 부족하다. 한 친구는 내게 다음과 같은 지혜로운 격언을 나누어 주었다. "우리는 경험만으로 배우는 것이 아니라, 평가된 경험으로 배우는 것이다." 정말 맞는 말이다. 오랜 세월 많은 경험을 쌓았음에도 지혜가 부족한 사람들이 얼마나 많은가. 성경도 "권면을 듣는 자는 지혜가 있느니라"잠 13:10고 말한다.

진정 겸손한 사람은 수치심 속에 사는 사람이 아니라, 깊이 있고 중요한 질문들을 솔직하게 함으로써 연약함에서 더 깊은 연약함으로 나아가는 사람이다.

내가 도움이 되었는가?

내가 어떻게 했는가? 일은 어떻게 진행되었는가?

왜 일이 잘 안 되었다고 생각하는가? 왜 잘 되었다고 생각하는가?

당신은 나를 어떻게 설명하겠는가?

'진짜 나 자신이 아닐 때' 나는 어떻게 행동하는가?

내가 당신에게(이 그룹에게) 준 영향이 무엇인가?

내가 무엇을 모른다고 생각하는가? 내가 무엇을 알아야 하는가?

나는 친구로서(배우자, 동료, 상사로서) 어떤 사람인가?

오래전에 나는 나의 멘토인 폴을 포함한 여러 형제와 밥 버포드의 《하프타임》(국제제자훈련원 역간)에 기초한 하프타임저니(Halftime Journey)라는 프로그램을 만들었다. 우리는 1년 동안의 회의를 거쳐서 7개월짜리 멘토링 커리큘럼을 만들고, 입문 세미나를 개최했다. 첫 번째 세미나에 모인 참가자들은 폴의 말을 주의 깊게 들었다. 그들은 감탄과 신뢰와 존경의 눈빛으로 폴을 바라보았다. 그런데 다음 순서로 내가 강의를 할 때는 반응이 사뭇 다른 것을 느낄 수 있었다. 그들의 눈빛은 마치 이렇게 말하는 느낌이었다. '이 사람은 누구야? 도대체 뭐라고 하는 거야? 폴은 언제 다시 나오나?' 첫 강의가 끝나고 호텔에 돌아와서 나는 폴에게 강의를 망쳐서 미안하다고 사과부터 했다. 그리고 내 잘못이 어디에 있다고 생각하는지 물었다. 그러자 폴은, 자신은 오십대의 남자로서 말했고 나는 사십대의 남자로서 말했다는 점이 우리 둘의 차이일 뿐이라고 말했다. 그리고 매우 귀중한 충고를 해주었다. "그저 자신의 모습에 충실하면 그걸로 충분하다네. 자네 나이 쉰이 되면, 자네의 말에서 오십대의 무게가 느껴질 걸세."

그의 말을 듣고 나니, 조금이라도 나이든 사람처럼 행동하려고 노력하던 내 모습이 보였다. 나는 스스로 만들어 낸 기대와 압력에 눌려 있었다. 있는 그대로의 내 모습에 충실하라는 폴의 충고는 내게 큰 도움이 되었다. 문득 "질투는 무지함이고, 모방은 자살과 같다"라는 랠

프 왈도 에머슨의 말이 떠오른다.

정말 겸손한 사람은 다른 사람들의 조언과 인도를 마음을 열고 받아들인다. 그러면 뱀처럼 지혜롭고(영리하고) 비둘기처럼 순결한(섞이지 않은) 사람이 될 수 있다.

섞이지 않은 사람이 되는 길, 겸손

C. S. 루이스는 이렇게 지적한다.

> 우리가 소위 '우리 자신'이라고 부르는 것을 치워 버리고 하나님이 우리를 온전히 취하시도록 할 때, 우리는 더욱 진정한 우리 자신이 될 수 있다.… 하나님께 저항하며 내 마음대로 살려고 노력할수록 나 자신의 유전과 양육과 환경과 자연적인 욕망에 더욱 지배를 받게 된다. 사실 내가 그토록 자랑스럽게 '나 자신'이라고 부르는 것은, 내가 시작하지도 않았고 중단시킬 수도 없는 수많은 사건과 마주치는 것에 불과하다.[6]

우리는 겸손을 통해서만 우리의 행동과 내면을 정직하게 바라보고 우리에게 동기를 부여하는 것들을 깨닫기 시작한다. 제대로 점검하고 해결하지 않으면, 수십 년 전에 일어난 고통스러운 사건들의 지배에서 벗어날 수 없다. 만약 당신이 무언가를 보거나 누군가가 무심코 던진

말, 곁에 누가 있다는 것만으로 과민반응을 보인다면, 과거의 고통이 아직 힘을 발휘하는 것으로 볼 수 있다. 이런 궁금증이 떠오를 것이다. '이런 상황에 처할 때마다 그러고 싶지 않은데도 늘 같은 행동을 하는 이유가 뭘까?' 우리는 실제 우리의 모습과 다른 존재가 되는 것이다. 그 상태는 순수하지 않은 '섞인' 사람이다.

내가 오래도록 고민하던 문제가 있었다. 나는 사람들이 많이 모이는 자리에 가면 어색하고 불편하고 움츠러들었다. 친한 친구들과 있을 때도 마찬가지였다. 그럴 때마다 내 모습이 너무도 싫었지만, 아무리 노력해도 C. S. 루이스의 말과 같이 내가 원하지 않는 내 모습들과 계속 마주치기만 할 뿐이었다. 사람들과 이야기도 해보고 내 마음을 살펴보고 하나님께 나아간 끝에, 마침내 내 마음 깊이 자리 잡은 작은 아이의 목소리를 들을 수 있었다. "아무것도 내놓을 게 없는 나랑 누가 같이 있고 싶겠어?"

그러나 일을 하는 것이 아니라 그저 사람들을 만나고 교제하는 상황이라면, 그들은 내 마음과 나의 존재 자체 외에 아무것도 필요로 하지 않고, 그 이상을 요구하지도 않는다. 그런데 나는 나도 모르게, 사람들이 나와 있기를 원하지 않는다고 생각했다. 내 마음이 어떠한지를 깨달은 나는 그 거짓말을 단호히 물리쳤다. 내가 사람들에게 줄 수 있는 최고의 것은 마음이며, 내 마음이 사람들에게 귀중하고 즐거움 또한 준다는 사실을 붙들었다.

나는 분별과 이해에서 냉소와 비판으로 넘어가 버릴 때가 있다. 겉에 드러나지 않는 동기를 발견하려 하다가 상대방의 의도를 불신하게 되고 마는 것이다. 이런 나 자신이 나도 싫다. 그것은 진짜 내 모습이 아니기 때문이다. 나는 냉소적이고 빈정대는 태도에 대해 여러 사람에게 지적을 받은 뒤에야 비로소 나 자신을 깊이 있게 자세히 들여다보았다. 그리고 매우 창의적이신 하나님은, 지극히 냉소적이고 비꼬기 잘 하는 사람들을 내게 보여 주신 뒤에 이렇게 질문하셨다. "너는 저 사람들이 마음에 드니?" 전혀 아니었다. 끔찍했다.

일반적으로 부정적인 태도들은 의지만 가지고는 쉽게 멈출 수가 없다. 그래서 나는 특정 상황에 나타나는 내 반응의 뿌리를 찾아내기 위해 내 마음과 삶 속 깊이 파고들었다. 그리고 내가 발견한 것은 앞에서 언급했던 어린 시절에 겪은 일이었다. 선물로 받은 소중하고 멋진 총을 친구가 부러뜨려 버린 사건 말이다. 그 일은 내 마음 깊은 곳에 사람들의 동기에 관한 불신이 뿌리내리게 했고, 이 불신의 뿌리는 내 행동을 원하지 않는 방향으로 유도했다.

나는 이것을 깨닫게 하신 하나님께 상처 난 부분도 고쳐 달라고 기도했다. 그리고 내 안에 '사람들은 언제나 나에게 소중한 것을 파괴한다'고 생각하는 그릇된 판단이 있음을 인정하고, 그것을 거부했다. 그 결과, 나는 덜 냉소적이고 더 분별력 있는 사람이 되었다.

겸손이 없는 사람에게는 온유함도 없다. 그러나 겸손한 눈으로 보면 모두 각자 자기 삶의 전투를 치르고 있다는 사실을 알 수 있다.

온유함

앞서도 말했지만 우리는 자신이 강점, 풍성함, 광채를 가지고 있는 영역에 대해 다른 사람들에게 엄격함, 조급증, 냉정함을 보인다. 열정적으로 말하고 행동하지만 상대방에 대한 긍휼은 없다. 안타깝게도 하나님이 우리에게 풍성하게 주셨으므로, 우리의 역할은 풍성히 받지 못한 사람들을 도와주는 것이라는 사실은 잊어버리기가 참 쉽다. 또한 우리는 부족하지만 오랜 시간과 시행착오를 통해 계발되고 연마되었기에 사람들에게 무언가를 줄 수 있는 지금의 자리에 오르게 되었다는 사실도 잊어버리가가 쉽다.

온유함이 없으면 우리가 세상에 흘려보내야 하는 것이 제대로 전달되지 않는다. 그렇다면 온유함은 어떻게 계발될까? 보통 온유함은 역경, 고통, 실패, 실망, 슬픔을 통해 계발된다.

오스왈드 챔버스의 말이다. "슬픔은 많은 얄팍한 것들을 불태운다.···당신도 슬픔의 불을 통과한 이들을 알고 있을 것이다.···그러나 슬픔의 불을 통과한 적이 없는 사람은 남을 멸시하는 경향이 있다."[7]

맞는 말이다. 슬픔과 역경을 별로 겪지 않은 사람, 그 처절한 현실을 받아들인 적이 없는 사람은 다른 이들의 연약함이나 어려움을 잘 참지 못한다. 그러나 슬픔의 불을 통과한 사람에게는, 삶은 단순한 것이며 그저 올바로 잘 선택하면 잘 풀릴 것이라는 식의 얄팍한 믿음이 불타 없어진다.

바울도 로마 교인들에게 이렇게 말했다. "네가 하나님의 인자하심이 너를 인도하여 회개하게 하심을 알지 못하여 그의 인자하심과 용납하심과 길이 참으심이 풍성함을 멸시하느냐?"롬 2:4 교훈도, 도움도, 지적도, 구출하는 것도, 온유함으로 할 때 상대방이 쉽게 받아들인다.

그런데 겸손에 모조품이 있듯이 온유함에도 모조품이 있다. 그것은 바로 두려움이다. 우리의 행동, 우리가 보고 듣고 아는 것, 우리 자신을 내어놓는 것에 대한 두려움, 잘못하는 것이 아닐까 하는 두려움과 사람들이 무시하고 거절하고 조롱하면 어쩌나 하는 두려움 등이다. 이 두려움 때문에 종종 우리는 아무 말도, 아무 행동도 안 한다. 이를 온유함으로 착각할 수도 있지만, 실은 자신의 엄중한 존재감을 스스로 무시하는 행동이다.

나의 삶에서 모조품을 만들도록 부추기는 것이 사탄이라는 사실을 깨달은 것은, 무언가 지혜롭게 행동해야 하는 상황에서 내가 보이는 두 가지 행동을 통해서였다. 첫 번째 행동은 분노, 반항, 적대감을 가지고 강하게 말하는 것이다. 이는 애초부터 사람들은 내 말을 듣고 싶어 하지 않는다는 생각에서 하는 행동이다. 그러나 이런 행동은 효과도 없고 내가 원하는 모습도 아니었기에 나는 두 번째 행동을 선택했다. 아예 아무 행동이나 말을 하지 않는 것이다. 두 가지 중에는 그래도 아무 말도 하지 않는 편이 괜찮아 보인다. 그러나 둘 다 두려움에 기반한다. 자신의 말에 적절한 무게감을 싣고, 그 순간에 필요한 열정을 보이면서도 적대감 없이 온유하게 말하는 것이 가장 바람직하다.

> 하나님이 우리에게 주신 것은 두려워하는 마음이 아니요 오직 능력과 사랑과 절제하는 마음이니 딤후 1:7

이제 세 번째 중요한 기술인 인내를 살펴보자. 겸손과 온유 없이는 인내도 없다.

인내

> 인내: 기다림, 지연, 도발을 참아내는 능력,
> 또는 어려움에 처했을 때 차분히 견디는 능력.
> 엔카르타 세계영어사전

우리는 인생의 비밀 앞에서 인내해야 한다. 앞서 인용했듯이 쇠렌 키르케고르는 "인생은 앞을 향하지만 깨달음은 뒤를 향한다"고 했다. 우리는 하나님이 우리 삶에서 하시는 일에 대해 인내해야 한다. 오스왈드 챔버스는 "우리가 치러야 할 시험은, 하나님은 자신이 하는 일을 알고 계신다는 것을 믿는 것이다"라고 말한 바 있다.[8]

또한 사람들에게 무언가를 베풀 때에도 인내가 필요하다. 다음 말씀을 보라.

다 서로 겸손으로 허리를 동이라 하나님은 교만한 자를 대적하시되 겸손한 자들에게는 은혜를 주시느니라 그러므로 하나님의 능하신 손 아래에서 겸손하라 때가 되면 너희를 높이시리리 너희 염려를 다 주께 맡기라 이는 그가 너희를 돌보심이라 벧전 5:5-7

뱀처럼 지혜롭고 비둘기처럼 순결하려면, 조급하고 성급하거나 충동적이고 강박적으로 행동하지 말아야 한다. 겸손하게 하나님의 때, 그분의 행동, 그분의 개입을 지켜보며 기다려야 한다. 상대방의 반응을 조종하고 이용하고 요구하고 통제하려는 마음에 저항하면서, 겸손하게 우리의 마음과 사람들의 마음에 반응할 여유를 주어야 한다.

때로 하나님이 나를 온통 비밀이 가득하고 길을 잃은 것 같은 상황으로 몰아가실 때, 나는 즉시 조급해져서 하나님은 자신이 무슨 일을 하고자 하는지 아신다는 사실을 의심하고, 스스로 내 운명의 길을 찾아 성급히 걸어간다.

한번은 협력기관에서 주최한 리더십 계발 워크숍에 참석한 적이 있다. 강의를 마치면서 강사는 워크숍에서 강의하는 일에 관심이 있는 사람은 자신에게 알려 달라고 했다. 드디어 나에게 기회가 왔다는 생각이 들었다. 그날 저녁 나는 욕실에서 침대로 걸어가면서 하나님께 내일 아침에 인력계발 담당자를 찾아가서 내가 바로 적임자라고, 그것이 하나님이 나를 여기로 보내신 이유라고 말하겠다고 말씀드렸다. 그런데 그 즉시 하나님의 분명한 말씀이 떠올랐다. "네가 네 자신을 높이면 내가 너를 낮출 것이다. 네가 네 자신을 낮추면 내가 때가 되면 너를 높일 것이다."마 23:12 참고 성경 암송을 잘 못하는 나에게 이런 말씀이 떠오른 걸로 봐서, 이는 하나님이 내 마음에 하신 말씀이 틀림없었다. 전혀 예상하지 못한 응답이었다. 실은 하나님의 반응을 기대하지도 않았다. 하나님의 책망에 당황스러웠지만, 반박하지 않았다. 불쑥 이런 말이 나왔다. "하긴 더 이상 모욕당하고 싶지 않아." 그래서 생각을 완전히 접고 두 번 다시 떠올리지 않았다. 그로부터 7년 뒤 인사담당 부사장에게 인력계발 부서 책임자를 맡아 달라는 요청을 받았다. 하나님은 7년이 지나 적절한 때가 되자 나를 높이셨다.

마음 같아서는 워크숍 후 바로 기회를 포착해서 그 일을 맡고 싶었지만, 당시의 나는 7년 뒤의 나와 전혀 달랐다. 나는 기다림을 참고 어려움 앞에서 차분히 견디면서 인내해야 했다. 그때가 언제인지 모르지만 하나님이 아신다는 믿음으로 때가 되기를 기다려야 했다.

모든 일에는 때가 있다. 그 때가 자신과 사람들에게 가지는 의미를 알기 위해서는 참을성 있게 기다려야 한다.

    범사에 기한이 있고 천하만사가 다 때가 있나니
    날 때가 있고 죽을 때가 있으며
    심을 때가 있고 심은 것을 뽑을 때가 있으며
    죽일 때가 있고 치료할 때가 있으며
    헐 때가 있고 세울 때가 있으며

울 때가 있고 웃을 때가 있으며

슬퍼할 때가 있고 춤출 때가 있으며

돌을 던져 버릴 때가 있고 돌을 거둘 때가 있으며

안을 때가 있고 안는 일을 멀리 할 때가 있으며

찾을 때가 있고 잃을 때가 있으며

지킬 때가 있고 버릴 때가 있으며

찢을 때가 있고 꿰맬 때가 있으며

잠잠할 때가 있고 말할 때가 있으며

사랑할 때가 있고 미워할 때가 있으며

전쟁할 때가 있고 평화할 때가 있느니라 전 3:1-8

"지혜자의 마음은 때와 판단을 분변하나니"전 8:5 라는 말씀처럼, 우리는 아무리 필요가 정확하고 선명하게 보이더라도 지금이 적절한 타이밍이 맞는지를 생각해야 한다.

인내의 모조품은 체념과 포기다. 자신에 대해 그리고 다른 사람들에게 잘 인내하는 것처럼 보이는 사람을 자세히 보면 종종 변화에 대한 소망을 포기한 경우가 있다. 정말로 인내하는 사람은 사방이 비밀이라도 마음이 편안하고, 하나님이 모든 상황을 지휘하시는 과정을 즐긴다. C. S. 루이스의 말을 보자. "오케스트라를 조율하는 일도 즐거울 수 있다. 그러나 그 즐거움은 교향곡을 크든 작든 기대하는 마음을 가진 사람들만이 누릴 수 있다."[9]

소프트 스킬

겸손, 온유, 인내 같은 자질을 인사 분야에서는 소프트 스킬(soft skills)이라고 부르는데, 개인적으로는 좋아하지 않는 용어다. 마치 이런 자질은 액세서리와 같이 있으면 좋지만 필요하지는 않은 존재, 실질적인 도움은 안 되고, 있어도 그만 없어도 그만인 존재로 보는 듯해서 그렇다. 회사 예산 삭감으로 불필요한 훈련을 없앨 때도 '소프트 스킬' 교육이 제일 먼저 사라진다.

사실 여러 면에서 겸손, 온유, 인내는 하드 스킬(hard skills)이다. 이들은 우리의 생존과 성공에 필수적이라는 점에서 그렇다. 부르심에 합당한 삶의 특징이며 엡 4:1-2 성령의 열매다. 갈 5:22-23

겸손, 온유, 인내는 습득하기 어려운, 매우 힘든(hard) 기술이다. 독일의 시인 괴테는 이런 말을 남겼다. "재능은 고요한 곳에서 개발되며 성품은 삶의 모든 풍파에서 개발된다." 매일의 삶에서 겪는 모욕이 겸손을 일으키며, 슬픔의 불은 우리 삶에서 얄팍한 것들과 천박한 것들을 태워 준다. 기다림, 지연, 자극은 인내를 키운다.

하나님은 자신의 백성을 속박에서 구원하신 후 그들을 위해 창조하신 땅과 삶으로 그들을 인도하면서, "그들이 번성하여 그 땅을 기업으로 얻을 때까지" 출 23:30 는 그 땅을 온전히 소유하지 못한다고 하셨다. 이 원리를 우리에게 적용하면, 하나님이 우리에게 주신 영광을 온전히 소유할 수 있을 때까지 성품이 자라야만 우리는 그 영광을 온전히 누릴 수 있다.

우리는 하나님의 위대한 이야기 안에 우리의 삶과 역할이 지닌 능력을 과소평가하지만, 사탄은 그렇지 않다. 그래서 사탄은 우리의 마음과 열망에 힘찬 공격을 퍼붓는다. 하지만 하나님도 우리의 능력을 결코 과소평가하지 않으신다. 그래서 그분은 우리를 훈련하신다. 우리 앞에는 적진이 있다. 성부 하나님이 주신 위대한 사명을 가지고 이 세상에 오신 예수님처럼, 우리에게도 해야 할 사명이 있다.

하나님은 우리가 하도록 창조된 일을 하고 싶은 갈망을 우리 마음 깊은 곳에 심고 자라게 하신다. 또한 그 갈망을 강력하고도 효과적으로 수행할 능력도 주신다. 하나님도 우리가 영광 안에 걷기를 바라시지만, 그러려면 우리에게 그 영광을 소유하고 전할 능력(훈련된 마음)이 있어야 한다. 그리고 그 능력은 우리 마음에 겸손과 온유와 인내가 있을 때 생긴다. 엡 4:1-2 참고

겸손이란 우리의 참된 영광, 광채, 능력, 아름다움, 무게, 풍성함을 온전히 소유하고 나누는 것이다. 겸손은 자신이 소유한 것을 과장하거나 부인하지 않는다. 우리는 겸손을 통해 다른 사람들의 지혜와 인도에 마음을 연다. 또한 겸손을 통해 우리의 삶, 행동, 동기를 정직하게 바라보고, '뱀처럼 지혜롭고 비둘기처럼 순결한' 사람이 된다.

온유함이 없으면 우리가 나눈 것이 제대로 전달되지 않는다. 온유함은 역경, 고난, 실패, 실망, 슬픔을 통해 계발된다. 우리가 풍성하게 받은 우리의 영광은 다른 사람들을 위한 것이다. 현재의 우리 모습은

오랜 시간에 걸쳐 시행착오를 통해 계발되고 단련된 것이다.

전쟁터에서는 인내해야 한다. 하나님의 때, 그분의 행동, 그분의 개입을 기다리면서, 상대방의 반응을 조종하고 이용하고 요구하고 통제하려는 마음에 저항하면서, 우리의 마음과 사람들의 마음이 반응할 때까지 여유를 가지고 기다려야 한다. 인생의 비밀에 대해서도 참고 기다려야 하며, 확실한 기회가 눈에 보이더라도 적절한 때인지를 점검해야 한다. 다음 말씀을 다시금 기억하라.

지혜자의 마음은 때와 판단을 분변하나니 전 8:5

PART 10

갈망에서 성취까지

탁월함이 성숙함에 도달하기까지는
오랜 시간이 걸린다.
-푸블릴리우스 시루스-

많은 사람이 일부 행운아들은 소명을 이루기까지의 기나긴 여행과 그 과정을 생략하고 지름길로 간다고 착각한다. 어떤 이들은 자신의 소명을 쉽게 금방 찾는 사람들이 있다고 생각한다. 사실 이 모든 길고 지겨운 과정, 즉 하나님께서 우리가 자신의 영광을 발견하고 자신이 원하는 일을 할 수 있도록 능력을 주실 때까지의 오랜 여정을 통과하기 원하는 사람은 별로 없다. 한순간에 변화되는 기적 같은 일이 일어난다면 정말 얼마나 좋을까?

그러나 성경에 기록된 하나님의 사람들의 삶을 보면, 그들 역시 자신이 창조된 목적을 이루기까지 기나긴 과정을 거치는 것을 알 수 있다. 다윗을 보자. "어미 양을 보살피던 그를 데려다가 당신의 백성, 야곱과 당신 소유인 이스라엘의 목자로 삼으셨다. 다윗은 이 백성을 한마음으로 보살피며 슬기로운 손으로 인도하였다." 시 78:71-72, 공동번역 하나님은 다윗이 양을 치는 데 필요한 기술을 익히고 역경을 견디는 시간을 거치게 하심으로써, 그의 마음과 손을 훈련하셨다. 이는 장차 하나님이 그에게 맡기려고 하시는 일을 위해 반드시 필요한 시간이었다.

만약 이런 과정에서 예외가 되는 사람이 혹시라도 있다면, 이는 당연히 다른 분이 아닌 예수님이어야 할 것이다. 그러나 예수님의 삶을 보라. "예수는 지혜와 키가 자라가며 하나님과 사람에게 더욱 사랑스러워 가시더라."눅 2:52 예수님도 예외가 아니었다. 그분은 "제자가 그 선생보다 높지 못하나 무릇 온전하게 된(fully trained, 충분히 훈련받은) 자는 그 선생과 같으리라"눅 6:40고 하셨다. 우리는 충분히 훈련을 받으며 예수님을 닮아 가고, 하나님의 위대한 이야기 안에서 그분이 우리를 창조하신 목적, 우리에게 예정하신 그 역할을 맡아야 한다.

영광을 발견하고 개발하는 과정을 위한 특별한 기름부음이나 약속의 예언이 있는 것이 아니다. 사실 모든 예언은 어떤 과정의 시작을 알려 주는 것이다. 즉 현재의 자리에서 하나님이 원하시는 자리로 가는 여정의 시작이라고 할 수 있다. 지름길은 없다. 다만 우리의 행동 여하에 따라 도착 예정 시간이 지연되거나, 길을 돌아가게 될 수 있다.

자연스러운 광채

나는 사람들에게서 자연스럽게 빛이 나는 순간이 참 좋다. 실력 있는 음악가들이 훌륭한 솜씨로 즉흥 연주를 주고받는 모습을 보면 황홀하기까지 하다. 노련한 상담가가 편안하게 대화하는 중에 자연스럽고도 즉흥적으로 상대방의 삶의 핵심적인 문제를 끄집어내는 모습은 참으로 놀랍다. 답할 내용을 미리 준비하지 않았는데도 기대를 뛰어넘는 통찰을 담은 시적인 표현으로 질문에 대답하는 사람을 보면 정말 멋져 보인다. 물론 그들은 그것을 '하나님이 하신 일'이라고 말하겠지만, 사실 이는 "그들 안에 그리스도의 형상을 이루기까지"갈 4:19 하나님께서 그들을 오랫동안 훈련하셨기 때문이다. 어떤 사람이 빛을 발하는 순간은 오랜 시간의 경험과 훈련을 통한 열매인 것이다.

수많은 분야의 최고의 전문가들을 조사한 저술가 댄 설리번에 따르면 "특별한 능력을 매우 탁월한 실력으로 발휘하기까지는 평균 1만 시간의 반복과 실험과 혁신이 필요하다"[1]고 한다. 우리의 영광, 즉 우리 삶의 능력, 아름다움, 풍성함, 탁월함, 무게를 발견하고 계발하는 데에도 시간과 경험과 훈련이 필요하며, 인내도 필요하다. 인내란 '아무리 힘든 시험과 고난에도 신앙과 경건에 대한 목적과 충성이 변치 않도록 결단하는 사람의 성품'을 말한다.[2] 우리의 소명과 우리의 진정한 삶은 쉽게 얻을 수 있는 것은 아니다.

사도 바울의 말을 보라.

나의 자녀들아 너희 속에 그리스도의 형상을 이루기까지 다시 너희를 위하여 해산하는 수고를 하노니 갈 4:19

우리는 우리 삶을 향한 하나님의 목적이 온전히 실현되기까지 이를 끈질기게 추구해야 한다. 물론 순식간에 어려움 없이 이루어지지는 않겠지만, 충분히 그럴 만한 가치가 있는, 영광스럽고 즐거운 일이다.

남은 이야기

지금까지 나는 어린 시절부터 내가 걸어온 여정을 조금 펼쳐 보았다. 이제부터는 내가 걸어온 순례의 여정 중 최근 몇 년의 시간을 소개하고 싶다.

'포커스온더패밀리'라는 단체에서 인력계발 국장직을 맡고 있던 어느 아름다운 여름날, 나는 회사 주변을 걸으며 기도하고 있었다. 당시 내가 하고 있는 일도 좋고 함께 일하는 사람들도 좋았지만, 이상하게도 하나님께서 나를 새로운 일로 인도하신다는 느낌이 계속 있었다. 기도하는 가운데 하나님이 동역자인 존 엘드리지의 소명과 내 소명을 합쳐서 한 사역을 시작하실 것인데, 이는 브렌트 커티스라는 친구가 살아온 삶의 열매가 될 것이라는 마음이 들었다. 브렌트는 존 엘드리지와 《거룩한 로맨스》(포이에마 역간)라는 책을 공저한 저자다. 브렌트와 존과 나, 세 사람은 부부동반으로 오랫동안 교제해 왔다. 애석하게도 브렌트는 등반 중 비극적인 사고로 세상을 떠났다.

나는 하나님이 주신 이 마음을 아무에게도 나누지 않았다. 그런데 몇 달 뒤에 존과 스테이시 엘드리지 부부가 우리 부부에게 현재 '마음의 회복 미니스트리'(Ransomed Heart Ministry)로 알려진 사역단체를 세우는 일에 동참하지 않겠느냐고 제안해 왔다. 나는 기쁘게 수락했다. 그 일은 내가 그때까지 해온 일중에서 가장 흥미진진하고 도전과 성취감과 친밀함이 가득한 일이었다. 초반에는 내 전부를 쏟아 부어야 했다. 나는 개인과 조직에 대한 나의 주특기(명료성, 초점, 계획과 의도)를 사역의 방향, 조직, 메시지, 세부적인 방법 등을 수립하고 개발하는 일에 잘 활용했다. 또한 나는 이 사역에 동참하는 가운데서도 소명에 대한 내 메시지를 계속 발전시켰다. 그리고 우리 부부는 '여성성의 회복'(Ransomed Femininity)이라는 여성을 위한 집회를 개최했다. 이 집회의 이름은 이후 '매혹'(Captivating)으로 바뀌었다. 그러던 어느 날 한 젊은 스태프에게, 당신처럼 젊은 사람들에게는 평생 해야 할 사명과 임무가 아직 많이 남아 있지만, 나는 이 일을 내 마지막 사명이라고 생각한다고 말했던 기억이 난다.

소명에 대한 연구와 강의를 20년 동안 해왔지만, 두 번의 집회를 연속으로 한 후에 비로소 책으로 만들 정도의 소명과 관련된 자료가 완성되었다. 존 엘드리지와 함께 사역한 지 5년쯤 지난 후에는, 그 단체와는 별도로 1년에 6-10차례 소명을 주제로 한 집회를 열게 되었다. 그리고 7년째가 되자 이 집회의 규모가 무척 커졌다. 하지만 부업 수준으로 하기에는 내 열정과 의욕이 너무 강했다. 그러던 어느 날 스태프 몇 명이 회의 시간에 '마음의 회복 미니스트리'에서 여는 집회 중 하나로 소명 집회를 포함시키면 어떨지 제안했다. 나를 비롯한 아무도 더는 말하지 않았다. 어색한 침묵이 오히려 분명한 대답이 되었다. 그로부터 한 달 뒤, 금식하며 기도하는 가운데 하나님께 혹시 하실 말씀이 있냐고 여쭤 보았다. 그러자 하나님께서 "전도서 3장의 앞부분을 읽어 보렴"이라고 말씀하시는 것 같았다. 그 부분을 펼치자 또 이렇게 말씀하셨다. "네가 이제 들어갈 시기가 어떤 시기인지 알려 주겠다."
본문 말씀은 이런 내용이었다.

> 범사에 기한이 있고 천하만사가 다 때가 있나니
> 날 때가 있고 죽을 때가 있으며
> 심을 때가 있고 심은 것을 뽑을 때가 있으며
> 죽일 때가 있고 치료할 때가 있으며
> 헐 때가 있고 세울 때가 있으며
> 울 때가 있고 웃을 때가 있으며
> 슬퍼할 때가 있고 춤출 때가 있으며
> 돌을 던져 버릴 때가 있고 돌을 거둘 때가 있으며
> 안을 때가 있고 안는 일을 멀리 할 때가 있으며
> 찾을 때가 있고 잃을 때가 있으며
> 지킬 때가 있고 버릴 때가 있으며
> 찢을 때가 있고 꿰맬 때가 있으며
> 잠잠할 때가 있고 말할 때가 있으며
> 사랑할 때가 있고 미워할 때가 있으며
> 전쟁할 때가 있고 평화할 때가 있느니라 전 3:1-8

말씀을 읽는 가운데 하나님은 새로운 것이 태어나려면 죽어야 하며, 새로운 것을 심으려면 뽑아야 한다고 말씀하셨다. 헐고, 흩어지고,

슬피 울고, 버리는 때가 예정되어 있었다. 듣기 편한 말씀은 아니었지만, 하나님이 내게 닥칠 일을 미리 알려 주시는 것임을 알 수 있었다. 그리고 장차 일어날 일에 대해 말씀해 주셨기에, 그 가운데 나와 함께 하실 것 또한 확신할 수 있었다. 나는 이 전도서 말씀을 마음에 새기고, 일부러 상황을 만들거나 조종하지 않도록 주의했다. 그리고 이후 6개월 동안 이 말씀은 그대로 성취되었다.

하나님으로부터 이 말씀을 받고 몇 달 뒤, 나는 리더십의 자리에 있는 친밀한 동역자 몇몇에게, 하나님께서 나를 소명에 대한 메시지를 전하는 일에 전념하는 쪽으로 인도하시는 것 같다고 말했다. 그리고 그 일이 내가 해야 할 일이자 나 자신에게 솔직해지는 길이라는 것도 이야기했다. 그들은 내 말에 수긍하면서도, 이 단체의 핵심은 존 엘드리지의 책이라는 입장을 분명히 했다. 하지만 내가 전하고 싶은 메시지는 선택의 여지가 없었다. 하나님이 보여 주신 내 모습과 내가 해야 하는 일에 충실하려면 떠나는 수밖에 없었다.

오스왈드 챔버스는 이렇게 말했다. "하나님의 성령께서 당신을 휘저으시고 수많은 일을 불가피한 상황으로 이끄신다면, 그저 그 결과에 순복하라."[3] 나는 더는 소명에 대해 강의하고 조언하고 교육하고 글을 쓰는 일에 대한 하나님의 인도를 피할 수가 없었다. 새로운 사역단체를 시작하는 것이 유일한 방법이었다. 그것이 바로 '존귀한 마음'(The Noble Heart)미니스트리다. 이제는 전도서 말씀의 다른 편, 즉 심고 낳고 세우고 모으고 찾고 고쳐야 할 때가 된 것이다.

존귀한 마음 미니스트리를 시작한 뒤 나는 그 어느 때보다도 흥분되고 보람 있는 시간을 보냈다. 하지만 동시에 가장 불안하고 연약한 시간을 보내기도 했다. 자신의 꿈과 열망을 추구하는 상황은 어느 때보다도 자신의 이해와 생각이 과연 정확한가에 대한 의심이 많을 때다. 현실은 꿈보다 혼란스러운 법이다.

혼자서 사역을 시작한 초반에는 과연 앞으로 어떤 일이 펼쳐질지 생각이 많았다. 어느 날 아침, 하나님께 기도하면서 내 연약한 부분을 모두 털어놓았다. 그러자 마음속에 하나님의 응답이 떠올랐다. 내 결정이 맞았다는 것을 입증하기 위해 더 열심히 일하고, 전과 같은 고통을 다시 겪지 않도록 혼자서 일해야 한다는 것이었다. 내가 듣고 싶었던 말이 아니었고 절대적으로 맞는 말이었기 때문에 하나님의 말씀임을 확신할 수 있었다. 하지만 분명한 응답을 받았다고 해서 곧바로 회복되는 것은 아니다. 나는 하나님이 말씀하신 대로 하루 10-12시간씩 홀로 일에 몰두했다. 사역을 준비하고 개발하는 일 자체는 좋았지만, 내 마음은 점점 지쳐갔다.

하루는 전화로 회의를 하던 중에 문득 책장에 눈길이 갔다. 책장 선반 위에는 내가 무척 좋아하는 사진 두 장이 놓여 있었다. 하나는 롱코트를 입고 카우보이 모자를 쓴 남자 네 명이 황금색으로 물든 가을 아침 녘에 말을 타고 강을 건너는 모습을 찍은 사진이다. 다른 사진은 단풍이 완연한 서늘한 가을 아침에 머리 장식을 하고 활을 든 인디언 남자 한 명이 말을 타고 가는 장면이다.

통화를 하면서 사진을 보고 있는 나에게, 하나님은 너는 어떤 삶을 원하느냐고 질문하셨다. 즉, 혼자 일하고 싶은지, 사람들과 일하고 싶은지를 택하라고 하셨다. 나는 사람들과 함께 일하는 쪽을 선택하겠다고 말씀드렸다. 그리고 곧 사진 속 인디언처럼 '부족 회의' 같은 모임이나 전화 통화 등을 통해, 함께 동역할 공동체가 생기게 되었다. 그레이엄 쿡은 이런 말을 했다. "하나님은 친구들이 갈 수 없는 곳으로 우리를 보내시고, 그곳에서 새로운 친구들을 공급하신다." 맞는 말이다. 이는 여정의 일부다. 현재의 자리에 그대로 머물러 있으며 계속 예전과 동일한 사람으로만 존재한다면, 우리는 결코 성장할 수 없다. 안을 때가 있고 안는 일을 멀리 할 때가 있다는 성경말씀이 맞다.

사역을 시작한 첫 해에 어떤 사람이 소명에 대한 교재를 책으로 출간하는 일에 대해 의견을 나눠 보자는 메일을 보내 왔다. 당시 나는 여러 출판사와 연락하는 동안 출간에 대한 불타던 열망이 거의 잿더미와 같이 사그라들어 버린 상태였기 때문에, 출판은 포기하고 그냥 원하는 사람들에게 복사본을 보내 줘야겠다고 생각하고 있었다. 지금은 나와 좋은 친구가 된 그 메일의 주인공은 바로 데이비드 C. 쿡 출판사의 직원이었다. 그는 기획 회의 때 내가 만든 교재의 출판을 제안해도 되겠느냐고 물었다. 물론 좋다고 대답했지만, 사실 그때는 경기가 막 침체되기 시작하던 시기였다. 그래서 기대를 내려놓고 있었는데, 뜻밖의 답장이 왔다. 내 책을 출간하고 싶다는 내용이었다.

나와 친한 친구인 바트 핸슨은 내가 마음의 회복 미니스트리를 띠

나면 내 책이 세상에 나올 것이라고 말했는데, 정말 그의 믿음대로 되었다. 분명 죽을 때가 있고 태어날 때가 있다.

예술가처럼 살기

한번은 내 삶 가운데 불확실한 많은 것들에 대한 걱정 때문에 한밤중에 잠을 깬 적이 있다. '내가 해야 할 일을 하고 있는 걸까? 내가 정말 있어야 할 곳에 있는 걸까? 나는 바른 방향으로 가고 있을까? 이 일들을 하는 나의 진짜 동기는 과연 올바른가?' 나는 다른 방으로 가서 소리 내어 기도하며, 하나님이 주시는 마음을 글로 적었다. 그렇게 40분 정도 그저 마음을 털어놓고 있는 중에, 문득 하나님이 다음과 같은 한 문장으로 대답하시는 것을 느꼈다. "예술가처럼 살아라."

나는 일기장에 이 말을 적으면서 이것이 과연 어떤 의미일까 묵상해 보았다. 예술가처럼 산다는 것은, 마음속에 있는 무언가에게 형태를 부여함으로써 아름다워지도록 만들고 그것을 기뻐한다는 것이 아닐까 하는 생각이 떠올랐다. 생각해 보니 어린 시절에 그림을 그리거나 무언가를 만들거나 체조할 때의 내 모습이 떠올랐다. 파블로 피카소는 이런 말을 남겼다. "모든 아이는 본래 화가다. 문제는, 어떻게 하면 어른이 되어서도 화가로 남아 있는가다."

나는 하나님께서는 내게 다른 '행동'뿐 아니라 다른 '삶'을 요구하신다는 것을 깨달았다. 내가 좋아하는 일을 하는 중에서도 나의 동기는 관심, 수입, 인정, 공감에 대한 걱정 등으로 오염되어 있었다. '예술가처럼 사는 삶'이란, 하나님이 하도록 강권하시는 것을 만들어 내고 그것을 사람들에게 제공하는 삶이다. 미국의 철학가 엘버트 허버드는 "예술이란 어떤 사물이 아닌 방을 지칭하는 것이다"라고 말했다. 사도 바울이 "이를 위하여 나도 내 속에서 능력으로 역사하시는 이의 역사를 따라 힘을 다하여 수고하노라" 골 1:29 고 말했던 마음을 그 어느 때보다 깊이 공감한다.

예술가처럼 사는 사람은 자기 안에 있는 것을 끄집어내기 위해 "힘을 다하여 수고"한다. 그는 자신의 영광(특별한 광채, 빛, 풍성함)을 다른 사람들이 정의하고 평가하고 제한하는 것을 거부한다. 예술가처럼 사는 사람은 자신에게 허락된 시간과 자원을 가지고, 공부를 하든 교육을 받든 모든 경험을 통해 자신만의 작품을 만들어 낸다. 사람들이 부탁하거나 돈을 벌기 위해서가 아니라, 그 일이 좋아서 한다. 스타 리셰(Star Richés)의 말이다. "예술은 영혼의 두드림이 들릴 때 응답하는 것이다."

예술(art)이라는 단어의 어원인 그리스어 테크네(techné)는 '장인의 기술'이라는 뜻이다. 또 라틴어로 예술을 뜻하는 단어 아르스(ars)는 '아름다움을 표현하는 기술이나 재능'을 의미한다. 그러므로 예술이란 아름다운 수준에 이르기 위해 연마하는 장인의 기술을 말한다고 할 수 있다. 사진, 질문, 음악, 조직, 참여, 발표, 그림, 격려, 구조화, 작문, 조정, 시스템, 상상…. 이 외에도 수많은 일을 아름다운 예술로서 해낼 수 있다. 우리 또한 예술가이신 하나님의 걸작품이라는 사실을 잊지 말라.

> 우리는 그가 만드신 바라 그리스도 예수 안에서 선한 일을 위하여 지으심을 받은 자니 이 일은 하나님이 전에 예비하사 우리로 그 가운데서 행하게 하려 하심이니라 엡 2:10

우리는 삶의 방식으로 선한 일을 만들어 내는 예술가가 되어야 한다. 예술가처럼 살라. 우리의 영광을 삶으로 세상에 선보이라.

> 이러므로 우리도 항상 너희를 위하여 기도함은 우리 하나님이 너희를 그 부르심에 합당한 자로 여기시고 모든 선을 기뻐함과 믿음의 역사를 능력으로 이루게 하시고 살후 1:11

가보지 않은 길, 그러나 가야 하는 길

누구나 어떤 일에 능숙함과 탁월함과 전문성을 소유하게 되려면 시간이 필요하다. 예수님도 마찬가지였다. "예수는 지혜와 키가 자라가며 하나님과 사람에게 더욱 사랑스러워 가시더라" 눅 2:52, "제자가 그 선생보다 높지 못하나 무릇 온전하게 된 자는 그 선생과 같으리라"눅 6:40 는 말씀처럼, 우리에게도 시간이 필요하다. 하나님의 위대한 이야기 안에서 우리에게 주어진 역할을 수행하려면 충분한 훈련을 거쳐야 하기 때문이다.

우리의 친밀한 동역자가 되시는 하나님은 우리가 자신의 영광을 더 많이 발견하여 사람들에게 그 영광을 잘 전달하도록 우리를 도우시고, 우리의 갈망과 성장과 삶이 일치되는 지점으로 향할 수 있도록 우리를 인도하신다. 성경에는 이 순례의 여정이 참으로 아름답게 기록되어 있다.

주께 힘을 얻고 그 마음에 시온의 대로가 있는 자는 복이 있나이다 그들이 눈물 골짜기로 지나갈 때에 그곳에 많은 샘이 있을 것이며 이른 비가 복을 채워 주나이다 그들은 힘을 얻고 더 얻어 나아가 시온에서 하나님 앞에 각기 나타나리이다 시 84:5-7

우리도 이 시편 기자와 동일한 순례의 여행을 하고 있다. 힘에 힘을 얻고, 영광에서 영광으로 나아간다. 그 길에는 물론 눈물 골짜기도 있지만, 우리를 통해 하나님의 영광이 나타나는 풍성함 또한 계속해서 발견할 수 있다.

이것이 당신이 지금 여기에 있는 이유, 당신의 소명이다!

주

서문

1. Oswald Chambers, *The Philosophy of Sin and Other Studies in the Problems of Man's Moral Life* (Crewe, UK: Oswald Chambers Publications, 1937). 《죄의 철학》(토기장이 역간).

1장

1. C. S. Lewis, *The Silver Chair* (New York: HarperCollins, 1994), p.164 《은 의자》(시공주니어 역간).
2. 같은 책, p.171
3. J. D. Douglas, *Who's Who in Christian History* (Carol Stream, IL: Tyndale House, 1992), p.79
4. "Going to a Higher Authority," *USA Today*, 1999년 5월 28일.
5. C. S. Lewis, *The Complete C. S. Lewis Signature Classics* (New York: HarperCollins, 2002), p.30
6. Barna Research, "Most People Seek Control, Adventure and Peace in Their Lives," 2000년 8월 1일.

7. 같은 책.
8. Russell Baker, quoted in Bob Buford, *Game Plan* (Grand Rapids, MI: Zondervan, 1997), p.88
9. Richard Leider, "Are You Deciding on Purpose," interviewed by Alan M. Webber, Fast Company, 1998년 1월 31일.
10. Oswald Chambers, "November 14," *My Utmost for His Highest: Selections for the Year* (Grand Rapids, MI: Discovery House, 1993).《주님은 나의 최고봉》(토기장이 역간).
11. Theodore Roosevelt, "Citizenship in a Republic," speech at the Sorbonne, Paris, 1910년 4월 23일.

2장

1. Oswald Chambers, "August 5," *My Utmost for His Highest: Selections for the Year*.
2. 같은 책.
3. C. S. Lewis, *A Grief Observed* (New York: HarperCollins, 2001), p.75《헤아려 본 슬픔》(홍성사 역간).
4. Jonathan Swift, "Thoughts on Various Subjects," www.readbookonline.net/readOnLine/3366 (2010년 5월 27일에 마지막으로 접속).
5. Albert Einstein, quoted in Larry Chang, compiler, *Wisdom for the Soul* (Washington, DC: Gnosophia, 2006), p.583
6. Oswald Chambers, "June 9," *My Utmost for His Highest: Selections for the Year*.
7. C. S. Lewis, *God in the Dock* (Grand Rapids, MI: Eerdmans, 1994), p.65-66

《피고석의 하나님》(홍성사 역간).

8. Frederick Buechner, *Now and Then* (New York: HarperCollins, 1991), p.87

3장

1. David Whyte, *The Heart Aroused* (New York: Doubleday, 2002), p.19
2. George MacDonald, *Unspoken Sermons* (Charleston, SC: BiblioBazaar, 2006), p.64
3. Os Guinness, *The Call* (Nashville: Thomas Nelson, 2003), p.45 《소명》(IVP 역간).
4. C. S. Lewis, *Letters of C. S. Lewis* (Orlando, FL: Harcourt, 1966), p.467 《스크루테이프의 편지》(홍성사 역간).
5. Dallas Willard, *In Search of Guidance* (New York: HarperCollins, 1993), p.9

4장

1. C. S. Lewis, *Miracles* (New York: HarperCollins, 2001), p.198 《기적》(홍성사 역간).
2. Saint Francis of Assisi, "To the Rulers of the People," *The Writings of Saint Francis of Assisi* (1906).

5장

1. John F. Walvoord and Roy B. Zuck, eds., "Daniel 6:10-11," *The Bible*

Knowledge Commentary (*Old Testament*) (Wheaton, IL: Victor Books, 1985), p.176, 13

2. Richard Foster, *The Challenge of the Disciplined Life* (New York: HarperCollins, 1985), p.176, 13《돈, 섹스, 권력》(두란노 역간).

3. Dr. J. Robert Clinton, *Focused Lives* (Altadena, CA: Barnabas Publishers, 1995), p.332-389

4. C. S. Lewis, *An Experiment in Criticism* (Cambridge, UK: Cambridge University Press, 1961), p.12《문학비평에서의 실험》(동문선 역간).

6장

1. Bill Bright, *The Four Spiritual Laws* (Orlando, FL: Campus Crusade/New Life Publications, 1965).《사영리》(순출판사 역간).

2. John Boorman and Walter Donohue, eds., *Projections* (London: Faber & Faber, 1992).

3. Oswald Chambers, "March 22," *My Utmost for His Highest: Selections for the Year*.

4. 저자 미상.

5. C. S. Lewis, *The Lion, the Witch, and the Wardrobe* (New York: Harper Collins, 2000), p.142《사자, 마녀 그리고 옷장》(시공주니어 역간).

6. 같은 책, p.163

7. Verse list adapted from Neil T. Anderson, *Victory Over the Darkness* (Ventura, CA: Regal, 2000), p.38-39

7장

1. Aleksandr Solzhenitsyn, *The Oak and the Calf* (London: The Harvill Press, 1997), p.109
2. Oswald Chambers, *The Moral Foundations of Life* (Hants, UK: Marshall, Morgan & Scott, 1966), p.9
3. 마이크 빅클(Mike Bickle)의 설교 참고. 사용 허락 받음.

8장

1. Robert Louis Stevenson, *An Inland Voyage* (New York: Charles Scribner's Sons, 1895), p.22
2. C. S. Lewis, *Surprised by Joy* (Orlando, FL: Harcourt, 1955), p.171《예기치 못한 기쁨》(홍성사 역간).
3. 사용 허락 받음.
4. C. S. Lewis, *The Four Loves* (Orlando, FL: Harcourt, 1960), p.92《네 가지 사랑》(홍성사 역간).
5. Thomas a Kempis, *The Imitation of Christ* (New York: Cosimo, 2007), p.32-33《그리스도를 본받아》(두란노 역간).

9장

1. Erwin McManus, *The Barbarian Way* (Nashville: Thomas Nelson, 2005), p.17《코뿔소 교회가 온다》(두란노 역간).
2. "Special Operations," Federation of American Scientists, *The Military Lexicon*, www.fas.org/news/reference/lexicon/mildef.htm (2010년 7월

에 마지막으로 접속).

3. Phillips Brooks, *The Purpose and Use of Comfort, and Other Sermons* (New York: E. P. Dutton, 1910), p.340
4. Paul Boller, Jr., *Presidential Anecdotes* (New York: Oxford University Press, 1996), p.210-211
5. Thomas a Kempis, *The Imitation of Christ*, p.53
6. C. S. Lewis, *The Complete C.S. Lewis Signature Classics*, p.118
7. Oswald Chambers, "June 25," *My Utmost for His Highest: Selections for the Year*.
8. Oswald Chambers, "August 5," *My Utmost for His Highest: Selections for the Year*.
9. C. S. Lewis, *Reflections on the Psalms* (Orlando, FL: Harcourt, 1964), p.97 《시편 사색》(홍성사 역간).

10장

1. Dan Sullivan, *Focus Your Unique Abilities: The Strategic Coach* (Toronto, Ontario: Strategic Coach, Inc., 1995), p.19 《위대한 변화의 순간》(황금나침반 역간).
2. James Strong, *The New Strong's Exhaustive Concordance of the Bible* (Nashville: Thomas Nelson, 1996), s.v. "Perseverance."
3. Oswald Chambers, "March 22," *My Utmost for His Highest: Selections for the Year*.

소명 여행자

지은이 게리 바칼로우
옮긴이 장택수

2014년 1월 6일 1판 1쇄 펴냄

펴낸곳 도서출판 예수전도단
출판 등록 1989년 2월 24일(제2-761호)
주소 경기도 고양시 일산동구 호수로 340-11
전화 031-901-9812 · **팩스** 031-901-9851
전자우편 publ@ywam.co.kr
홈페이지 www.ywam.kr
주문 전화 031-908-9987 · 팩스 031-908-9986

ISBN 978-89-5536-439-2

책값은 뒤표지에 있습니다.
잘못된 책은 바꾸어 드립니다.